父亲的格局，母亲的情绪，决定孩子的未来

杨颖 编著

四川教育出版社

·成都·

图书在版编目（CIP）数据

父亲的格局，母亲的情绪，决定孩子的未来／杨颖
编著. —成都：四川教育出版社，2021.3
　　ISBN 978-7-5408-7612-8

Ⅰ.①父… Ⅱ.①杨… Ⅲ.①家庭教育 Ⅳ.①G78

中国版本图书馆 CIP 数据核字（2021）第 040594 号

FUQIN DE GEJU，MUQIN DE QINGXU，JUEDING HAIZI DE WEILAI

父亲的格局，母亲的情绪，决定孩子的未来

杨　颖　编著

出 品 人　雷　华
责任编辑　肖　勇
责任校对　宋笑颖
封面设计　松　雪
出版发行　四川教育出版社
　　　　　　地　　址　成都市黄荆路13号
　　　　　　邮政编码　610225
　　　　　　网　　址　www.chuanjiaoshe.com
印　　刷　三河市泰丰印刷装订有限公司
版　　次　2021 年 6 月第 1 版
印　　次　2021 年 6 月第 1 次印刷
成品规格　145mm×210mm
印　　张　6
书　　号　ISBN 978-7-5408-7612-8
定　　价　36.00 元

如发现印装质量问题，影响阅读，请与本社联系。营销电话：（028）86259605
总编室电话：（028）86259381　编辑部电话：（028）85623358

在家庭教育中，父亲和母亲扮演着非常重要的角色。通常，孩子会以父亲为榜样，在人生的道路上，努力达到或者超越父亲的高度。而母亲的修养则影响着孩子的品德，母亲特有的温柔与包容，能够帮助孩子养成宽厚待人的性格，让孩子在社会上走得更远。

在父亲的陪伴与教育下成长的孩子，会更加乐观、开朗、自信、上进；他们比起从小缺少父亲陪伴的孩子，有着各方面的优势。

父亲意志坚定，孩子多会百折不挠；父亲勇敢独立，孩子多会坚强无畏；父亲胸怀宽广，孩子多会大度包容；父亲是非分明，孩子多会坚持原则……

我们常说严父慈母，母亲对待孩子往往更温柔、更宽厚，父亲往往更严厉，女性的特质决定了母亲在教育中往往更能包容、理解，也更有耐心。

在母亲陪伴下成长的孩子通常不那么尖锐，在踏入社会之后，往往有很强的适应能力，心理健康水平也较高，事业发展也很少遭受大的挫折。此外，他们的人际关系相对稳定，不容易出现激烈的变动，人生相对平和幸福。

在如今对孩子的教育中，单靠学校教育是远远不够的，父亲和母亲是影响孩子一生的人。在家庭教育中，无论是父亲还是母亲，都不可或缺，少了哪一方，都可能造成孩子发展的失衡。

所以，每一位父亲和母亲，都要发挥自己的优势，在自己擅长的领域，给孩子最好的教育。只有这样，才能让孩子全面发展，让孩子既飞得高，又飞得远，拥有一个成功而幸福的人生。

2021 年 2 月

目录
Contents

── 下篇 ──
母亲的情绪，决定孩子的未来

父亲的格局，决定孩子的未来

第一章

有爱才是"山"：好爸爸能给予孩子爱的教育

爸爸要做自己孩子的偶像

说起偶像，人们很快会想到屏幕前那些神采奕奕的影视演员、歌手。其实对于孩子而言，家长就是他们的偶像，许多孩子人生的第一偶像都是自己的爸爸妈妈。

所以，无论你是一个豪放的人，还是一个细致的人，作为爸爸，你都是孩子心目中的第一偶像。而偶像的作用向来是与带领、引导有关的，当孩子已经开始像模像样地模仿你的一些举动的时候，作为孩子心目中的偶像，你该怎么做？

从前，有一位宰相夫人非常重视儿子的教育，她每天苦口婆心地劝告儿子要努力读书，要有礼貌，要讲信用，要忠于君王，等等。而宰相却是早上就离开家去上朝，晚上回来就看书，好像从不关心儿子的教育问题。爱儿心切的夫人终于忍不住说："你别只管你的公事和看书，也该好好管教你的儿子呀。"宰相眼不离书地说："我时时刻刻都在教育儿子呀。"原来，这位宰相父亲的教育方式是身教，他是要给孩子做出榜样，成为孩子的偶像。

这个故事告诉我们，家庭教育会在潜移默化中对孩子产生深远的影响。

爸爸是孩子最亲近、最敬重的人之一，对孩子的影响是巨大的，所以当你成为父亲，就要用行动、用心去做孩子一生的领路人。

下面的场景，或许你也见过：

公共汽车上，一名中年男子一边悠闲地抽着烟，一边饶有兴趣地给孩子讲着故事。同座的女士不停地用手驱散飘过来的烟，中年男子对此视若无睹。女士忍不住了，很有礼貌地劝同座把烟灭掉，中年男子却说："我抽自己的烟，与你何干？"

他的儿子也附和道："与你何干？"听到这里，中年男子得意地摸了摸儿子的小脑袋，却不料招来众人纷纷的指责："你就是这样给自己的孩子做榜样吗？"

"榜样"一词，自然是褒义词，如果家长想成为孩子的榜样，那就要在孩子面前以身作则。天下没有哪个父母不想成为孩子的偶像和榜样的，那他们到底应该怎么做呢？

1. 注意"耳濡目染"

总有一些这样的家长：告诉孩子要好好读书，而自己却在麻将桌上酣战；教育子女要孝敬长辈，而自己却对父母不闻不问，如此种种，比比皆是。现在甚至有些幼儿园的孩子，都已学会编造谎话来讨大人的欢心了。世故与城府出现在几岁的娃娃身上，是不是让人感到悲凉？其实，孩子的这一套，正是从家长那儿学来的。

也许家长从不会公开地、正面地对孩子进行这样的教育，但是他们的言行举止却在潜移默化中影响着孩子。家长的行为其实是在告诉孩子应该成为怎样的人，家长就是孩子成长的活教材。

爸爸与孩子朝夕相处，是孩子的抚养者和监护者。很显然，爸爸的言谈举止对孩子有着直接性的影响。爸爸举止不雅，行为粗鲁，常讲脏话，不务正业，违法乱纪，就给孩子直接树立了坏榜样。

当你的朋友想投资某个项目，但由于资金不足而找你求助时，他说："我一定能做好的，你帮帮我吧！"你的一句"我相信你"给了他莫大的信任和支持。在一旁的孩子有所会意，于是当他的朋友有困难时，他会陪在朋友身边，对朋友说："我相信你，你一定会攻克难关的。"这就是你教给他的对朋友的信任。

孩子最早的学习是从模仿开始的。他们从小就会将看到、听到、感觉到的东西记在正在发育的大脑里，并在以后的生活中不知不觉地加以重复。爸爸的每句话、每个举动、每个眼神，甚至肉眼看不到的精神世界，都会给孩子带来潜移默化的影响。

在孩子面前，爸爸要以身作则，比如见面打招呼、分手道再见等。平时在家里，家人之间也要注意使用文明用语，如"谢谢""对不起""没关系"等等。

在他人面前，要把孩子当作一名与成年人平等的人介绍给对方，比如："这位是某某阿姨，她是爸爸的同事；这位是我的儿子某某。"这样既能让他人尊重孩子，平等地对待孩子，也能帮助孩子熟悉、接纳对方，有助于让孩子放松下来，从而自然地流露感情，礼貌待人。

这就是对孩子耳濡目染的重要性，如果你想要自己的孩子将来有所成就，也请从自己做起，与孩子一起成长。

2. 教会孩子明辨是非

电视剧《成长的烦恼》里面有这样一个片段：

三岁的本不小心撞到桌角上跌倒了，他痛得大哭起来，用脚去踹桌子。他的爸爸杰森只是在一边默默地注视着本，既没有上去抱他、抚摸他，也没有给他言语上的安慰。本哭了一会儿厌倦了，不再哭泣，杰森这才把他搂在怀里问："还疼吗？"

本说："不疼了。"

"那你走几步给我看看。"本走了几步又跳了几下。

"你再动动胳膊看。"杰森又说。

本转转胳膊，看上去一切都还好，杰森又说："本，你看，你是个人，有手有脚，能走能跑，而桌子根本不会动，明明是你撞到了它，它有什么错要被你踹呢？你说是吗？"

本说："是。"

于是杰森责令本向桌子道歉，为他刚才发脾气踹桌子的行为道歉，本接受了爸爸的批评并向桌子道了歉。

举这个例子是为了说明，在孩子还不能分辨是非对错的阶段时，爸爸对于孩子的成长起着关键作用。教会孩子如何做人是父母的责任，尤其对爸爸而言，肩上的担子要更沉一些。做人是生命之本，父母教育好了，孩子才会懂得孝敬父母，懂得好好学习，进而回报社会。

孩子之间有很多的纠纷不需要大人的参与，比如你推我搡，这对于成人而言是打架斗殴，对于孩子而言却是游戏。正因为孩子很难控制自己的行为尺度，所以他们要在类似的游戏中学会控制，这的确不需要大人在一边指指点点。

爸爸是孩子的第一偶像，要做好这个偶像的首要条件是富有正义感。教育孩子不能用暴力解决一切，不能蛮不讲理，也不要屈从于强势，要始终坚持自己的是非观与道义感，这才是为父之道。

做个把自己当成孩子的爸爸

美国人李文斯登·劳奈德写过一篇题为《不体贴的爸爸》的短文，曾被美国各大杂志和报纸转载，感动了成千上万的美国人。人们纷纷在学校、教堂、演讲台上朗读这篇文章，也曾在无数的广播、电视节目中引用并传诵这篇文章。

这篇文章写道：

听着，儿子，在你睡着的时候我要说一些话。

你躺在床上，小手掌枕在你面颊之下，金黄色的鬈发湿湿地贴在你微汗的前额上。我悄悄地一个人走进你的房间。几分钟之前我在书房里看报纸的时候，一阵懊悔的浪潮淹没了我，使我喘不过气来。带着愧疚的心，我来到你的床边。

我想到了太多的事情，儿子，我对你太凶了。在你穿衣服上学的时候我责骂你，因为你只用毛巾在脸上抹了一下。你没有擦干净你的鞋子，我又对你大发脾气。你把你的东西丢在地板上，我又对你大声怒吼。在吃早饭的时候，我又找到了你的错处：你把东西泼在桌上；你吃东西狼吞虎咽；你把手肘放在桌子上；你在面包上涂的牛油太厚。到了晚上，一切又重新开始。我在路上就看到你跪在地上玩弹珠，你的长袜子上破了好几个洞，我在你朋友面前押着你回家，使你受到羞辱……

儿子，此刻一阵强烈的恐惧涌上了我的心头，习惯真是害我不浅。吹毛求疵成了我的坏习惯，这不是我不爱你，而是对你期望太高了，我以我自己年龄的尺度来衡量你，而你的本性中却有着那么多真善美。你小小的心犹如包含并照亮群山的晨曦，你跑进来亲吻我，并向我道晚安的自发性冲动显示了这一切。今天晚上其他一切都显得不重要了。儿子，我在黑暗中来到你的床边，跪在这儿，心里充满着愧疚。

这只是个没有太大效用的赎罪。我知道，如果在你醒着的时候告诉你这一切，你也不会明白，但是从明天起，我要做一名好爸爸，我要把自己当成孩子，做你的好朋友，你受苦难的时候我也受苦难，你欢笑的时候我也欢笑。我会把不耐烦的话忍住，我会像在典礼中一样不停地、庄严地说："他只是一个男孩，一个小男孩！"

我想我以前是把你当作一名大人来看，但是儿子，我现在看你，蜷缩着疲倦地睡在小床上，我看到你仍然是一个小婴儿。你在你母亲怀里，头靠在她的双肩上，似乎都只是昨天的事……

看了这篇文章，同样作为爸爸的你感想如何呢？你是否觉得自己也是站在大人的角度想问题太多，而从孩子的角度想得太少了呢？实际上，设身处地想一想，如果你是孩子，面对那么多成人的要求、成人的标准，同时做好那么多的事情，你能做到吗？

家具坏了，可以重新修理好；家电坏了，可以花钱再置办；唯独孩子内心受到的伤害是难以补救的。一个人在儿时心灵上所受的影响，关乎其性格的形成、个人的成长，乃至命运的走向。因为孩子一点小小的不是，就没完没了地责问、谩骂甚至动手，实在是一件愚不可及的事情。过多的挫折感有可能把孩子正在蓬勃生长着的想象力、创造力扼杀在萌芽里、摇篮中。

爸爸与子女怎样才能心灵相通、情感交融，怎样才能形成良好的家庭氛围而有利于子女的成长？这有赖于爸爸教育思想的端正，教育方法的得当，教育条件的适合。这中间，有一点是少不了的，那就是爸爸要把自己也当成孩子。

1. 要有一颗不泯的童心

有一位画家曾说："我为孩子们画画，画故事连环画，画童话插图，就得像孩子那么想，那么看，于是嘛，也就有一颗童心啦！"如果爸爸们也能像孩子那么想，那么看，把自己当成孩子，站在孩子的角度去看世界，不也会拥有一颗不泯的童心吗？

正如鲁迅先生所说："孩子的世界与成人截然不同，倘不先行理解，一味蛮做，便大碍于孩子的发达。"为了"先行理解"孩子，爸爸就要走进孩子的世界，把自己也当作孩子，同他们一起游戏，同他们一起编织生活的花环，同他们一起描绘斑斓的未来，用童心这把钥匙打开孩子心灵的那扇门。

2. 没有理解就没有有效的教育

不理解孩子，爸爸的教育就会脱离孩子的实际，强人所难，甚至把孩子当成执行自己意志的工具；相反，只有站在孩子的立场上以孩子的目光看待自己的要求，支持孩子的正当要求，与孩子同喜、同忧、同乐，心灵相通，情感交融，这样才能爱得准，爱得深，爱得得当。当然，理解不是目的，而是教育的起点。理解代替不了教育，但没有理解往往也很难进行教育。有些孩子和爸爸情绪对立，往往是爸爸不理解孩子，简单粗暴地教育孩子造成的。理解就是为了避免这样的问题，变简单粗暴为耐心诱导，变单纯禁止为积极疏导。

不理解孩子，就很难取得好的教育效果。比如，下雪天孩子想和小朋友们去打雪仗，可是爸爸怕孩子着凉，把他关在屋子里。孩子苦苦哀求："爸爸，让我玩一会儿吧，玩一会儿就回来。"爸爸却说："外面天气冷，当心着凉。他们比你大，会欺负你的。你有这么多玩具，在家自己玩！"孩子哭了，这小天地怎么能和小伙伴们在雪地里打雪仗相比呢？有的孩子非要用自己的电动玩具去换其他小朋友手中的泥人，有的孩子养个小蝌蚪也会倾注全部心血……这些在大人看来简直是不可思议的事情，可对孩子来说却无比重要。

虽然孩子还小，但他们也有自己的思想，也是一个独立的个体。大人不能为完成自己的愿望而过多地要求孩子，让他做自己不愿做的事，应学会平等地对待孩子。每个人都有自己美好的童年，可人们一旦做了父母，往往就把自己的童年给忘了，一味以成人的标准要求孩子。如果家长能经常回忆自己的童年，将心比心，遇到问题多设身处地地替孩子想想，就会更容易理解孩子的心情，对孩子的教育方法自然也会改变。

比如孩子正和小伙伴们跳皮筋跳得来劲，爸爸非得让孩子马上回家，孩子的嘴就会噘得老高老高。为什么？因为她刚跳完，应该给别人抻皮筋了，可如果这时候走开，别的小朋友就会对她不满。假如好不容易等到该她跳了，而家长这时候把她叫回家，她心里也会有所不满。如果做爸爸的理解孩子的这种心情，告诉她再玩几分钟就回家，孩子有了思想准备，心里的不平衡也就得到了解决。做家长的不要忘了自己的童年，童年的一切游戏也曾使我们激动过，如果我们能回忆一下这些往事，对于理解孩子、正确引导孩子是大有好处的。

有些爸爸在对孩子的教育中，常常感到效果不理想，甚至与孩子的关系闹得很紧张，这往往是因为自己缺乏对孩子的了解，没有把自己当作孩子的朋友及自身缺乏童心，其中最严重的问题便是缺乏童心。爸爸常用成人的眼光去看孩子，用成人的想法去要求孩子，用自己的标准去衡量孩子，总想让孩子"规规矩矩"，把孩子变成"小大人"，这种脱离年龄特点的教育很容易造成两代人之间的隔阂，难免导致教育的失败。因此，爸爸要有一颗童心，把自己也当成孩子，这样才利于与孩子拉近距离。

3. 要了解孩子的心理

不了解孩子的心理就不能真正成为孩子的朋友，爸爸们应当明白，每一个孩子在感情、感受、情绪等方面都有一个独立的世界，如果爸爸不了解孩子的这个独立的世界，就很难理解他们，也就会实施"错位"的教育，结果事与愿违。比如：孩子想和小朋友去玩一会儿，可是爸爸却把他关在屋子里学习，孩子难免会对爸爸有意见，造成感情上的隔阂，产生抵触情绪，这也为今后的教育造成了障碍。所以，爸爸要从孩子的角度去体察孩子的需要，怀着一颗童心去满足孩子的心理需要。

对孩子感兴趣的话题，要主动参与讨论；对孩子感兴趣的活动，也要热心地参与和支持，这样孩子才能和你真心交流，成为知心朋友。事实证明，谁了解孩子的心理，谁就会赢得孩子的心，取得教育的主动权；反之，则会产生顶牛现象，甚至遭到孩子的怨恨，费力而不讨好。

有些家长教育孩子失败，往往就是因为缺乏对孩子的理解。家长脑海中常常有一个想象中的"模范孩子"，并以此督促自己的孩子照那样去做。但孩子毕竟是活生生的人，他们不可能什么都按照家长的意愿行事，即使是主观上想让家长满意，客观上有时也会力不从心。有的家长会因此焦虑不安，甚至大动肝火，这样一来，反而使得孩子无所适从。

所以，爸爸们要从孩子们的实际出发，多考虑他们的难处，以朋友的角度，设身处地地为孩子们想一想，一点一滴地引导他们朝着理想的目标努力，这样，孩子们一定能变得越来越优秀，父亲与孩子间的关系也会越来越融洽。

信任才能教出好孩子

小伟的爸爸很爱他，把他视为"小皇帝"，生怕他受到一点点的伤害。虽然小伟已经 11 岁了，但是爸爸却从来不让他独立做任何事，什么事都包揽在自己身上，就连买酱油和醋这种小事，爸爸也不让小伟自己去做。

一天，小伟对爸爸说："爸爸，我想自己去书店买参考书，可以吗？"

爸爸回答："你别去了，我不放心！想要什么书，跟爸爸说，我去给你买。"

小伟诚恳地请求爸爸："爸爸，你就相信我吧！我自己能搞定的。给我一次机会好吗？就一次，好不好？"

爸爸沉思了一会儿，答应了小伟的请求。

一个小时过后，小伟高高兴兴地从书店回来了，自信和满足洋溢在他那娇小稚嫩的脸蛋上。

通过这一次，爸爸知道，原来自己之前的做法错了。从此以后，只要是小伟能独立做的事情，爸爸都会让他自己去做。有时候，爸爸还会把一些比较重要的事情交给小伟，结果小伟完成得也很出色。久而久之，小伟就感受到了爸爸对自己的信任，内心获得了极大的自豪感和满足感，也变得听话了，并且经常与爸爸谈心。

在教育孩子的过程中，很多爸爸都会犯与小伟爸爸一样的错误，很少让孩子去做一些力所能及的事情。他们认为：孩子还小，要是磕到、碰到或者外出被车撞到就麻烦了；如果遇到一些突发事件，怕孩子不会处理。

1. 信任是教育孩子的首要保障

对于陌生人，你会信任他吗？当然不会，而对于你很熟悉的朋友，你必然会信任他，向他敞开心扉。可以说，信任是你与对方亲密度的一种重要的表现形式。朋友之间、亲人之间、同事之间，贵在信任。在家庭之中，父母与孩子之间，信任也必不可少。

教育专家明确指出：教育的奥秘在于坚信孩子"行"。

心理研究表明：追求他人的信任是一种积极的心态，是每个正常人的普遍心理，也是一个人奋发向上、积极进取，实现自我价值的内在动力。

其实，每一个孩子和大人们都会有这样的心理需求，渴望得到认可与肯定。父母要学会信任孩子，让孩子不断获取更多前进的信心和力量。哪怕只是一次小小的信任，一次小小的认同，也能改变孩子整个的精神面貌。

调查表明：爸爸独特的心理特征和行为方式，往往在家庭中占据着重要的地位。孩子对爸爸具有特殊的信任，他们经常把爸爸视为自己学习的启蒙老师、模仿的榜样、生活中的"智多星"。

所以，爸爸要以信任孩子为基本点，不断激发孩子的潜在动力，让他们获得被信任与被认可的快感，使他们在信任中不断激励自己，进而走进成功的大门。

2. 在细节中信任孩子

其实，要做到信任孩子并不难。爸爸只要在日常生活中体现出对孩子的信任，即使只是一些不起眼的小事，孩子也能从中获得极大的满足感。

例如，你可以让孩子去买一些油盐酱醋，叫他去买一些报纸杂志，或者让他去买一些参考图书和体育用品等。这些虽然在爸爸的眼里是小事，但是在孩子的眼里却不仅是一件小事，更是一种依靠和信任。

3. 信任能够帮助孩子自行改正错误

佳佳因为爱吃糖，长了蛀牙，爸爸就开始控制佳佳吃糖的量。一天，爸爸叫佳佳去买一斤水果糖。佳佳嘴馋了，一边吃糖，一边回家。爸爸发现分量不对，也猜出很有可能是佳佳偷吃了，于是对佳佳说："你是不是偷吃糖了？"

佳佳低着头一言不发。

爸爸继续说："佳佳，爸爸知道你喜欢吃糖，今天叫你去买的糖都是给你吃的。爸爸信任你，才叫你去买糖。所以，你以后尽量不要再偷吃糖了，不要辜负爸爸对你的信任，好吗？"

佳佳点点头。

一个月后，爸爸再叫佳佳去买糖。结果，佳佳果然没有再偷吃糖。

正所谓"人非圣贤，孰能无过。知错能改，善莫大焉"。当孩子犯错时，爸爸尽量不要用打骂的方式来教育他，要动之以情，晓之以理，给予孩子充分的理解和信任，帮助孩子改正错误，引导他步入正轨。

4.让信任成为孩子的一种力量

周末，爸爸带五岁的秦枫去看电影。在公交车上，有一个小伙子看见了秦枫，就给他让座。而爸爸却说："不用了，小伙子，谢谢您！他已经五岁了，我相信他自己可以站稳的。"秦枫听后，也使劲地点头，并且用小手紧紧地抓着栏杆，竭力站稳。

爸爸相信秦枫自己能站稳，秦枫从爸爸的信任中获得了一种力量，进而尽自己最大的努力站稳。其实，每一个孩子都希望在别人面前表现出自己坚强的一面。爸爸可以迎合孩子的这种心理，在适当的时候给予孩子足够的信任，相信孩子可以做好。如此一来，孩子就会从爸爸的信任中获得某种力量，进而朝着爸爸预期的目标发展。

此外，爸爸要根据孩子自身的具体情况来信任孩子，否则，不但不会使孩子变得强大，反而会让孩子产生自卑心理。如，孩子受身高的限制，是够不着篮筐的，爸爸此时就不能说："孩子，爸爸相信，只要你努力跳，就一定能够到篮筐。"

◇ 好爸爸给孩子爱的教育 ◇

你平时都不爱跟孩子玩，现在孩子也不要你抱了。

不要爸爸抱！

爸爸不会表达对孩子的爱，容易让孩子产生误解，觉得爸爸高高在上不易亲近，认为自己难以得到爸爸的爱。

阿姨，我们来扶您过去。

谢谢你们父子俩。

孩子慢慢长大了，在教育方面，我们都要多上点心了。

是的，咱们的意见一定要统一，否则会让孩子无所适从。

爸爸是孩子最亲近、最敬重的人之一，爸爸对孩子的影响是巨大的，所以当你已成为父亲，就要用行动、用心去做孩子一生的领路人。

在教育孩子的过程中，爸爸妈妈存在分歧很正常，但一定要保持表面上的一致，过后两人再私下做好沟通。

1. 作为爸爸，你是否注意到孩子喜欢模仿你平时的行为？请列出
   这些行为。（至少3项）

   _____

   _____

   _____

2. 在日常生活中，不管工作有多繁忙，你都能抽出时间陪伴孩子
   吗？如果能，平均每天都陪孩子多长时间？

   _____

   _____

3. 作为爸爸，如果你做错了事情，能够诚心诚意地向孩子道歉吗？
   道歉后，孩子对你的态度如何？

   _____

   _____

4. 对孩子感兴趣的话题，你会主动参与讨论吗？对孩子喜爱的活
   动，你会热心参与和支持吗？

   _____

   _____

   _____

5. 作为爸爸，当你与孩子妈妈在教育孩子的意见上不一致时，你
   会当着孩子的面反驳妻子吗？

   _____

   _____

   _____

第二章

父子交流：好爸爸懂得怎么跟孩子沟通

对孩子"言传"的技巧

　　如今的家长一般都是听着大道理长大的，他们长大后，本能地要把这些大道理讲给自己的孩子听。道理必须要讲，但要讲究方法和技巧。把握好这个度，就有"事半功倍"之效，否则，只会得"事倍功半"之果。

　　所以，大道理对孩子要"小"讲，要"巧"讲。

　　现在大部分孩子都养成了有问题就问老师或家长的习惯，因为在他们心里，老师和家长都是大人，大人们说的肯定对。有的时候家长讲的道理虽然孩子不是很明白，但仍然会去听。家长也习惯了遇到事情就给孩子分析其中的道理，许多老师和家长都有给孩子讲道理的经历，但有时总感到孩子不能理解或者不能接受他们的观点。是不是他们讲的道理不正确呢？是不是孩子不可理喻呢？都不是。问题主要是出在讲道理的方式、方法上。

　　现在有很多父亲对怎么给孩子讲道理充满了困惑，认为这是非常难的一件事。父亲说得天花乱坠，孩子这边耳朵进，那边耳朵出；一不留神，孩子还逮着个错反击父亲。有些父亲能与孩子说得眉飞色舞，热火朝天，有些父亲却很少与孩子讨论什么。他们与孩子说话，往往说不上三五句，孩子就会不耐烦，父亲也无话可说了。孩子"听话"与否，与家长对孩子讲道理的方式、技巧有很大的关系。

爸爸在与孩子沟通时，要掌握下面这些"言传"的技巧：

1. 以建议的态度进行"言传"

孩子不肯听爸爸的话，很多时候是因为爸爸在讲道理的时候没有扮演好自己的角色，往往过于刻板和严厉，无意中把自己置于孩子的对立面。爸爸不妨多些宽容，以建议的方式与孩子协商，让孩子感受到家长并无强迫和限制自己的意思，从而消除戒备和抵抗心理。

比如给孩子买东西，一定要先征求孩子的意见，款式颜色要尽可能让孩子自己挑选，但是关于价钱，则要家长说了算。

有一天，依依的爸爸和妈妈带依依去买鞋，事先跟依依说好了，凉鞋买100元以下的，运动鞋则以150元为上限。来到商场后，望着琳琅满目的各种品牌的鞋，依依先是兴奋了一阵，但看到标价后，脸色暗淡了下来。因为按爸爸妈妈给她规定的价钱，只能买她不太喜欢的款式。发现这个情况后，爸爸和妈妈商量了一下，仍然告诉依依不能给她买太贵的鞋。

因为她还小，正处在长身体的时期，如果买贵的鞋子，明年不能穿了就太可惜了。况且，爸爸妈妈自己穿的鞋子也不过200元左右。经过爸爸妈妈做思想工作，最后依依高高兴兴地挑了一双 80 元的凉鞋和一双 148 元的运动鞋。

2. 迂回的策略

迂回可以说是说理的一种必要策略。下面介绍几种常用的说理方法：

(1) 故事法

3 至 4 岁的孩子正处于爱听故事的年龄，爸爸不妨自己也当一回童话作家、寓言大师，"编造"一个故事给孩子。这样既可以分散其注意力，避免局面僵持，又可以起到教育的作用，还可以在孩子专心听故事的同时，帮助他不知不觉地完成某件他原本不愿意做的事情（如吃饭、穿衣等）。

(2) 逆向法

故意顺着孩子的意愿去做某事并加以夸张，使其最终明白其中的害处。例如孩子在冬天洗完澡后，只穿一件内衣就在床上跳来跳去地玩耍，无论怎么跟他讲不穿衣服会着凉，他都不听。于是，索性让他脱下内衣玩一会儿。孩子冷得不行，于是自己就要求穿衣服了。

(3) 情景法

与孩子一起看儿童节目，可以让孩子指出电视节目中小朋友不正确的行为，表扬做得正确的小朋友。你会发现孩子的是非标准其实很分明，辨别好坏根本不成问题。例如，多次对孩子说，小朋友不讲卫生，病菌就会钻进肚子里与细胞"打仗"，这样人就会生病。可孩子始终不当回事，后来看到一部讲述人体免疫系统与感冒病毒对抗的科教片，叫孩子过来观看。看完片子后，孩子在洗脸、洗手等卫生方面就会大有进步。

（4）换位法

与孩子一起做游戏时，可以与之互换角色。例如，让孩子扮演医生为爸爸打针，爸爸则模仿孩子在医院里哭闹、手脚乱动以及向父母提出诸多要求的情景。结果孩子就像家长一样，严肃地批评爸爸不能乱哭乱叫，手不可乱动。这样的换位游戏，能让孩子在游戏当中理解一些深刻的道理，寓教于乐。

3. 自尊心的激发

孩子的自尊心和荣誉感都很强。如果爸爸能细心地发掘孩子身上的优点并及时加以肯定，就会激发他们的自豪感与荣誉感，并使好的行为得以巩固和趋于自觉化。例如，孩子喜欢听自己小时候的故事，于是家长虚构一些孩子小时候的优点，经常告诉孩子："宝宝小时候可乖了，最讲卫生，吃饭也很乖……"这时再要求孩子照小时候那样去做，往往效果就很好。

4. 言传与身教的结合

想要使道理深入到孩子的心中，必须靠父母的实际行动和人格魅力去影响他。孩子的模仿能力是很强的，家长的言谈举止、行为方式都对孩子起着举足轻重的示范作用。因此，爸爸要想培养孩子良好的习惯，要从加强自身的修养做起。

先听孩子怎么说

一天，九岁的小紫高兴地对爸爸说："爸爸，今天我们学校组织了爱心捐献活动。您早晨不是给了我二十块钱嘛，我当时就准备把二十块钱捐出去……"

爸爸一听就火了，打断小紫的话，怒斥道："什么？你把二十块钱都捐了？咱们家里的条件又不是很好，这你是知道的！这个星期你就别指望我给你零花钱了！"

"不是的……"

"住口！不是什么？你还敢狡辩，还反了你了！"

小紫不再说话了，哭着跑回了自己的房间。

其实，小紫只是想说出事情的原委。她当时确实是想把二十块钱都捐出去，但是班主任告诉她，要量力而行，就算只捐一毛钱，也能表达自己对灾区小朋友尽了爱心。最后，小紫只捐出了两块钱。

事实上，当孩子出现问题或犯错时，很多爸爸总是凭借自己对事情片面的了解，就对孩子的想法或行为妄下结论或斥责。而只要孩子一解释，爸爸就会感到自己的尊严受到了侵犯，怒气骤升，有时甚至会用更为粗暴的举动来制止孩子，使孩子有苦难言。

如果爸爸经常不给孩子解释和辩驳的机会，孩子就会独自默默承受着由此所产生的委屈与痛苦，长此以往，就会对孩子造成极为不利的影响。

1. 给孩子说清事情原委的机会

据一所教育咨询机构对两千名学生的问卷调查结果显示：在孩子最不情愿听到父母所说的话中，"住口"是其中之一。

所以，爸爸要尊重、维护孩子为自己解释和申辩的权利，让孩子说清事情的原委，这样，你才能了解到事情的真相，对孩子有一个全面深入的认识，进而对孩子的行为做出正确的评价。

林克莱特是美国的一位著名主持人。在一次对孩子的采访中，他问："你的理想是什么？"

孩子说："我的理想是当一名飞机驾驶员！因为我酷爱飞机。"

林克莱特接着问："如果你的飞机飞在海洋上空，突然没油了，你会怎么办？"

孩子思考了一会儿，回答："我会让乘客都系好安全带，然后我带上降落伞，独自跳下去。"

现场的观众顿时笑得前仰后合。

而林克莱特没有笑，他依然注视着这个孩子。此时，孩子天真的双眼中流出的泪水打动了林克莱特。

于是，林克莱特继续问道："你为什么要独自跳下去？"

孩子说出了自己的想法："我独自跳下去，是为了拿燃料。我还要回来！我还要回来！"

如果只让这个孩子说一半，当孩子说到"独自跳下去"时就制止他，不给他说清事情原委的机会，那么，林克莱特很可能也会像现场的观众一样，曲解孩子的真实想法，把孩子本来要舍己救人的行为曲解为自私自利的行为。

因此，不论孩子的想法与做法是对还是错，你都要让他说清楚事情的原委。如果孩子是正确的，你要及时认同与赞赏他；即使孩子是错的，你也要让孩子把话说完，深入了解孩子的真实想法，认真、耐心地给他做出全面、系统的评价。

2. 引导孩子说出真实的想法

很多时候，孩子不会主动向爸爸说出事情的整个过程，而如果爸爸不知道事情的起因和经过，仅凭自己的主观臆断，就很容易误解孩子，伤害其心灵。此时，你不妨层层引导，让孩子说出自己的真实想法，这样，就能更有针对性和目的性地帮孩子解决问题。

在一次家长会上，老师对肖林的爸爸说："你的孩子最近学习很不认真，英语才考了 30 分，你需要加以重视。"

回到家，肖林正在等着爸爸的怒斥，但是爸爸却不紧不慢地说："孩子，你知道你的英语成绩吗？"

肖林说："知道，我考了30分。"

爸爸问："那你为什么只考了30分呢？"

肖林说："上课不注意听讲。"

爸爸继续问："那你为什么不注意听讲呢？"

肖林噘起了嘴："因为我不喜欢英语老师！她太偏心了，上次的全校英语口语比赛，他没让我参加，却让王威参加了。"

爸爸说："噢，我知道王威！他是你们班里学习最好的学生。我想，老师这么做，肯定是经过深思熟虑的。他的成绩确实比你优秀，并且他不是已经获得了全校口语比赛的冠军吗？如果你去，你能保证获胜吗？我很高兴你能对我说出你的真实想法。不过，你要学会换位思考，因为老师不仅要考虑你个人，还需要考虑到班级的荣誉，你说是吗？"

肖林沉默了一会儿，回答道："爸爸，我想是我错了！我不会再对英语老师心存偏见了。您放心，我会努力学习英语的。"

有时候，孩子会有某种令爸爸十分不解的举动，究其原因，主要是因为孩子有自己的想法。如果你能像肖林的爸爸一样，抽丝剥茧，积极引导孩子说出自己的真实想法，再加以纠正和教育，问题也就迎刃而解了。

3. 要孩子明白辩护是他的一种权利

暑假，小玉的表妹到她家来玩。小玉的爸爸回到家，发现自己刚买的西装被弄脏了，他很生气地问道："是谁把我的西装弄脏的？"

表妹说："是小玉。"

小玉没有说话。

小玉的爸爸严厉地批评了她。

事后，爸爸感到不对劲，于是问小玉："孩子，你如实地告诉爸爸，是你把我的西装弄脏的吗？"

小玉摇摇头。

爸爸好奇地问："那你为什么不为自己辩护呢？"

小玉天真地说："爸爸，你只教我要照顾妹妹，关心妹妹，并没有告诉我，要为自己辩护呀！"

爸爸的心抽了一下，想："是我自己的疏忽，是我没有教育她如何行使为自己辩护的权利。如果她不懂得如何使用这一权利，以后无论遇到什么事，她很可能都不会为自己辩护，说出事情真实的一面，那么，后果真是不堪设想……"

所以，爸爸要让孩子明白：为自己辩护是自己的一项权利。不仅如此，爸爸更要教育孩子如何行使与维护这一权利。只有当孩子对自己的权利有一个科学而深入的认识时，他才会勇敢而坦率地使用自己的权利，在未来的生活中，才能勇于正视逆境，直面人生。

学着让孩子欢迎你

虽然孩子和爸爸在家庭中的角色不同，但是在人格上应该是平等的，爸爸要学会尊重孩子，因为只有尊重孩子的爸爸才会赢得孩子的尊重，才会受到孩子的欢迎。

吴祥的爸爸妈妈离婚了，法院把他判给了爸爸。爸爸靠干苦力赚取吴祥的生活费和学费，所以他对吴祥寄予厚望，希望他将来可以出人头地。

平时，爸爸对吴祥的生活和学习都很关心，总是教育他要把所有的心思用在学习上。吴祥也很争气，经常受到老师的表扬。最近吴祥喜欢上了周杰伦，省吃俭用地买了周杰伦的专辑。

爸爸发现后立即火冒三丈，觉得吴祥让他很失望，将专辑扔了，还用难听的话侮辱了他的偶像。这给吴祥的心理造成了很大的创伤，他认为爸爸一点也不尊重他。

爸爸的性格以及在家庭中的权威地位可能会使他产生这样的

想法：孩子是我的，我可以用我喜欢的方式来教育他。其实，这是错误的教育思想，在这种错误思想指导下的教育方式缺乏对孩子的尊重，除了会影响爸爸在孩子心目中的形象之外，还会影响孩子心理的健康发展。

随着孩子年龄的增长，他们内心会产生被爸爸理解和尊重的需求。如果爸爸忽视孩子的心理需求，缺乏对孩子的基本尊重，则会伤害孩子的心灵，甚至影响孩子的人生观和价值观。

不懂得尊重孩子的爸爸不会受到孩子的欢迎，在孩子心目中也没有威信。孩子的自尊意识很强，如果得不到爸爸应有的尊重，很容易造成行为上的偏差，做出极端的行为，不利于他们身心的健康发展。因此，教育孩子首先要学会尊重孩子。爸爸要学会尊重孩子的意见，让孩子选择自己喜欢的成长方式；要尊重孩子的想法，不要将自己的想法强加到孩子身上；要尊重孩子的隐私，不干涉孩子的正常交友等。爸爸尊重孩子才会得到孩子的尊重。做到这点，孩子才会将爸爸看作自己的朋友。

爸爸可以从以下几个方面入手，做一个受欢迎的爸爸：

1. 尊重孩子的人格

孩子的自尊心很容易被爸爸忽略、压制，爸爸往往会无视孩子的需要，有时甚至自己侮辱了孩子的人格还浑然不知。孩子虽小，但是也有自己的人格，孩子和爸爸在人格上是平等的，所以爸爸应该尊重孩子的人格。

李刚的爸爸是个很要强的人，对孩子的要求也高，总是希望自己的孩子比别的孩子强。李刚五岁的时候，爸爸就教他背古诗，他背不下来，爸爸就会批评他，说他太笨了。

慢慢地，李刚变得不自信，每次爸爸批评他，他总是低着头不说话。一天，爸爸的同事去他家玩，爸爸让李刚给大家背首诗，他只背了两句就忘了下面的了。李刚自己在那儿低着头，小声地说："我太笨了。"

爸爸生气地说："我怎么生了你这么笨的孩子，你要是件东西，我早就扔掉了。"

孩子犯了错误，爸爸不应用语言侮辱孩子，也不应在外人面前指责孩子，要给孩子留些面子，尊重孩子的人格。正确的做法应该是询问孩子做错的原因，在此基础上再对孩子进行教育。

2. 尊重孩子的兴趣

尊重孩子的兴趣是爸爸教育孩子必须具备的理念。因为兴趣是孩子成长和发展的催化剂，也是孩子前进的动力。爸爸不应该将自己的梦想强加到孩子身上，而是应该让孩子在兴趣的基础上发展自己的特长。

许多爸爸都希望孩子有一技之长，所以常会在没得到孩子许可的情况下为孩子报很多辅导班，这样做会引起孩子的逆反心理。如果爸爸尊重孩子的兴趣，让孩子发挥自己的特长，孩子认为得到了来自爸爸的理解和尊重，也会回报给爸爸信赖和感激。这样才有利于父子之间的沟通，也有利于孩子自身的发展。

3. 尊重孩子的选择

孩子的自主性一般体现在孩子的选择上，但是很多父母怕孩子的选择不正确，就不给孩子选择权，而是按照自己的经验来为孩子做选择。这是父母不懂得尊重孩子的表现，这样做的后果是：孩子永远学不会选择。

父母要舍得放手让孩子自己选择，在孩子选择的过程中，父母可以给孩子分析各方面的情况，让孩子充分了解自己选择的利弊，让孩子在了解情况之后再做决定，而不是简单地替孩子做决定。孩子在认真考虑之后做出的决定，父母就更应该尊重，千万不要轻易否决。

4. 尊重孩子的隐私

随着孩子年龄的增长，他们会选择用写日记或是书信的方式来表达自己的情感。有些爸爸难以找到和孩子合适的沟通方式，就会选择用偷窥隐私的方式来了解孩子，这是不尊重孩子的表现。

周静今年上初二了，最近学习情况不太好，老师向家长反映她上课精力不集中。爸爸也觉得女儿最近的表现有点反常，发现她放学后经常一个人躲在屋子里写东西。

这天，等周静上学后，爸爸悄悄打开了她的抽屉，发现了她和笔友的信件往来。周静回家后，爸爸严肃地批评了她，还把她的信件烧毁了。周静很伤心，觉得爸爸不尊重她。

◇ 好爸爸懂得怎么跟孩子沟通 ◇

> 放心吧，我不但能照顾自己，还能照顾妈妈呢！

> 单位要调我到北京总部工作，虽然是个好机会，但小华还小……

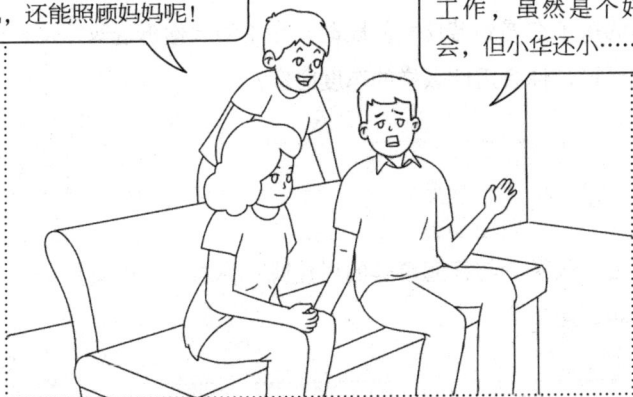

在家庭生活中，要跟孩子平等地相处，家庭的计划、愿望或目标应该告诉孩子，孩子有权利参与家庭的建设与发展。

> 你能行的，爸爸相信你！

> 运动会老师让我跑1500米，估计我要成最后一名了。

在孩子的自信心没有完全形成之前，爸爸要做好铺路的工作，要常常把"你能行"放在嘴边，鼓励孩子跳出不自信的恶性循环。

好父母日常家教演练

1. 你的孩子在遇到苦恼和问题时，会主动向你诉说吗？面对孩子的倾诉，你会用什么样的态度回应？

　　_____

　　_____

2. 你会让孩子参与家庭事务的讨论吗？你对孩子的意见或建议持何种态度？

　　_____

　　_____

3. 在与孩子的交流中，你是否经常打断孩子的讲话？请举例说明。

　　_____

　　_____

4. 当孩子不愿向你说心里话时，你会采取哪些方式来引导？

　　_____

　　_____

5. 在与孩子交流的过程中，你一般是从孩子的立场还是从自己的立场考虑问题？

　　_____

　　_____

第三章

快乐成长：好爸爸能保护孩子的天性

重视游戏对孩子的重要性

一提到教育孩子，大部分爸爸的话题都是围绕如何提高孩子的成绩，或者是如何培养出优秀的孩子。但很少有爸爸能把游戏与学习结合起来，他们认为游戏和学习是两个完全不相关甚至是对立的概念，学习就是要刻苦，而游戏却是浪费时间，会严重影响孩子的学习。

10岁的小岚对爸爸说："爸爸，跟我玩游戏吧！"

爸爸严肃地斥责道："玩什么玩！你成天就知道玩，游戏有什么好的，玩游戏能提高成绩吗？你要是把玩游戏的时间和精力放在学习上，你的成绩就不会这么差了。赶紧回房间写作业去！"

小岚悻悻地回到自己的房间。

很多爸爸之所以这样做，主要是由于以下几点：

（1）自古以来，我国就有"头悬梁，锥刺股"和"凿壁偷光"等刻苦学习的例子。所以，很多爸爸认为：学习本来就应该刻苦，不能投机取巧。

(2) 逆水行舟，不进则退。现在社会竞争日益激烈，如果不时刻学习，居安思危，很容易落后。

(3) 如果已经养成一种玩游戏的习惯，玩物丧志，岂不是会严重影响学习？

其实不然，适度游戏对孩子的思维发展有着一定的积极作用。

1. 游戏让孩子的思维更活跃

游戏和学习二者并不是完全对立的，而是辩证统一的。玩有益的游戏也是学习的一种形式，正确、科学地玩游戏也是一种学习方式。

游戏虽然是一种带有娱乐性的实践活动，但却具有很强的教育意义，其意义主要包括以下几点：

(1) 游戏可以增强孩子对事物的认知能力。游戏是孩子认知与理解的开端，因为孩子从呱呱坠地开始，就是在玩耍中感受世界，并在游戏中学会与他人沟通、交往的。

(2) 游戏可以提高孩子的处事能力。凡是游戏，就必有其特定的规则。在玩耍的过程中，孩子只有遵守规则，学会与别人合作，才能最终获胜。在这个过程中，孩子的实践能力、独立自主能力、观察力和协调能力等都会在不知不觉中有所提高。

(3) 游戏可以锻炼孩子的思维。游戏可以开发孩子的逻辑思维和创造性思维、想象力等。

对于孩子来说，玩游戏是最轻松愉快的事情了；而对于爸爸来说，利用游戏来教育孩子也是非常有效的方式之一。所以，如何在游戏中开拓孩子的思维，也就成了爸爸的一门必修课。

2. 通过益智游戏发散孩子的思维

目前，中考和高考试卷中出现了很多开放式的问答题，也就是说，这类题的答案不是固定的，具有很强的开放性，借以考查学生的逻辑思维能力和创造性思维能力。

所以，爸爸可以借鉴一些试题，通过一些开放性的问答游戏来发散孩子的思维。

例如，当你问孩子"大象和兔子哪个重"时，孩子肯定会不假思索地回答："大象。"因为这个问题很简单，并且答案只有一个：大象。

而如果你换一种问法，即"大象比哪些动物重"，孩子就会一边思索一边回答："兔子、山鸡、燕子、老虎、狮子……"

如此一来，孩子就会在你所提出的问题中，寻找不同的答案，他的思维也就会更加开放，视野也会更加广阔。

3. 通过脑筋急转弯开拓孩子的逆向思维

逆向思维也被称为求异思维，它是用一些非常规的思维方式去考虑问题，以达到出奇制胜的效果。

例如，在"司马光砸缸"这个典故中，司马光正是采用了逆向思维。常规的思维模式是"救人离水"，而司马光在伙伴掉落水缸的危险时刻，突发奇想，打破了常规的思维模式，采用"砸缸救人"的办法使水离人，救伙伴于危难之中。

对此，很多爸爸会有所疑问：如何才能培养孩子的逆向思维呢？其实，培养孩子的逆向思维并不难，脑筋急转弯就是一个不错的方式。

如：小芳用的是蓝笔，但为什么能写出红字呢？答案是：小芳写的就是一个"红"字。

从小学到大学，最快可以多长时间念完？答案是：3秒钟（就是读"从小学到大学"这几个字的时间）。

在孩子回答脑筋急转弯问题的过程中，就会潜移默化地锻炼他的逆向思维。因为孩子知道：用常规思维是不能找到答案的，只有另辟蹊径，才能找到答案。这样，孩子就会在轻松幽默的氛围中养成突破常规、采用逆向思维思考问题的良好习惯。

放手让孩子做喜欢做的事

看到这个题目，有些家长可能要问：为什么要放手让孩子做喜欢做的事？哪些事又是孩子喜欢做的呢？

孩子喜欢做的事主要是能让他产生愉悦感的事情。

比如走进美丽的大自然。大自然是那样神奇和美丽，它蕴含了无穷无尽的知识，可以说世界上再没有比大自然更好的老师了，我们不该让孩子远离它。周末，带上孩子去尽情地亲近自然、拥抱自然。在孩子投身大自然，感受其中的神奇美妙时，孩子的观察力会越来越敏锐，想象力会越来越丰富，对大自然的认识、对各种生物的了解也会越来越细致，而且对美的欣赏能力也会越来越强。

让孩子做自己喜欢做的事，可以说是利大于弊的有效的教育方式之一。

1. 满足孩子的快乐感和成就感

孩子的生活是多姿多彩的，在他们的生活中充满着惊喜，充满着乐趣。

只要稍微留意，爸爸就会在孩子的一言一行中发现他们关注的焦点。当孩子在户外散步时，他们会数着彩砖跳格子，往往数着数着就乱了套，最后哈哈笑成一团从头再数；他们会歪歪扭扭、乐此不疲地走在彩色的车轮上转圈。也许对于成人来说这是无聊的事，可是看着孩子的笑脸，就明白他们乐此不疲的原因了。

有时在草地上，他们会惊奇地发现：这里有一只大虫子。于是草地下还有什么就成了新的话题。大家趴在草地上，有的用手，有的拿着捡到的树枝，一个劲儿地在草地下找哇找："哈哈，快来看，我找到了一个东西！"仔细擦干净泥土一看：哎呀，原来是一块小石头，一下子就泄了气。"没关系，我再找。"在经过一场草地寻宝之后，他们终于有自己的战利品了——几个坏积木、几个蜗牛壳，还有一些死掉后干瘪的小虫子……也许这些真的不是什么有意义的东西，但是在孩子的脸上、眼里，我们看到了两个字：快乐。

这就是放手让孩子做自己喜欢做的事的第一个好处：满足孩子的快乐感和成就感。

2. 让孩子更加独立自主

著名文学家朱自清说："要让孩子在正路上闯，不能老让他们像小鸡似的在老母鸡的翅膀底下，那是一辈子没出息的。"要放手让孩子做自己喜欢做的事，家长的包办代替是孩子形成软弱性格的重要原因之一，一些家长不让孩子独自做任何事情。舒适、平静、安稳的生活环境，剥夺了孩子自我表现的机会；衣来伸手、饭来张口的生活方式，导致了孩子独立生活能力的萎缩。可见，要将孩子培养成才，父母首先要鼓励孩子多做喜欢做的事情，让孩子学会独立自主，把握自我。

3. 开阔视野、增长见识

孩子在成长的过程中，玩耍不可缺少，因为"玩"是他们出生以来最喜欢做的事。所以，不仅要让孩子快乐地玩，而且要从家里玩到外面更广阔的世界中去。在孩子玩的过程中，要引导孩子去发现新的事物，培养他们不断探索的能力。让玩成为一股动力，伴随着孩子一路成长。

遵从孩子的兴趣

一天，爸爸发现小军蹲在地上，不知道在干什么。

走近一看，爸爸发现，原来小军正把一只毛毛虫捧在手心，饶有兴趣地注视着它。

爸爸二话不说就给了小军一巴掌，然后向他吼着："快把这恶心的毛毛虫扔了！真是气死我了！我花了那么多钱给你买的钢琴你不弹，偏偏要在这里玩这该死的毛毛虫……"

小军哭着跑回了自己的房间。

每一位爸爸都有"望子成龙""望女成凤"的心理。所以，只要条件允许，他们会不惜一切代价为孩子投资。如花巨资给孩子买昂贵的钢琴，重金聘请有名气的美术老师教孩子画画……

然而事与愿违。对于爸爸的这些付出，大部分孩子根本不领情，依然按自己的兴趣和爱好行事。

其实，之所以会出现这样的冲突与矛盾，究其原因，就是因为这些爸爸总是把自己的想法与意愿强加在孩子身上。孩子虽然小，但也有自己的兴趣和爱好，如果爸爸总是把自己的意愿强加在孩子身上，让他做自己不情愿做的事情，孩子即便屈服了，也很难取得成就。

就像上面这个案例一样，小军即使每天练习钢琴，将来也只能是一个蹩脚的钢琴师，因为他对毛毛虫更感兴趣；而如果爸爸顺应他的兴趣，让他关注、保护毛毛虫，那么他还有可能成为一位著名的昆虫学家。法布尔就是因为对昆虫拥有浓厚的兴趣，通过坚持不懈地细心研究，最终成了世界著名的昆虫学家，被世人称为"昆虫界的荷马""昆虫界的维吉尔"。

1. 顺应孩子的兴趣才是最佳教育方法

著名心理学家皮亚杰说："强迫工作是违反心理学原则的，而且一切有成效的活动，都必须以某种兴趣为先决条件。"

童话大王郑渊洁也指出："不要在孩子不感兴趣、还没有能力理解的时候，让他做任何不感兴趣的事情。"

由此可见，尊重与顺应孩子的兴趣是多么重要。身为爸爸，你要记住：生活是丰富多彩的，一个人只有具备一定的兴趣和特长，才能更好地适应社会，更好地生活，也只有这样，他的生活才会有意义。

《三国志·魏书·管宁传》中有这样一句话："人各有志，出处异趣。"所以，爸爸在教育孩子的过程中，首先应该考虑的并不是自己的希望和要求是什么，也不是期望孩子学习到什么特长，而更应该尊重孩子的天性，多考虑孩子的兴趣与喜好是什么，以及如何才能真正地顺应孩子的兴趣等问题，这样，孩子的潜能才能得到充分有效地开发。

2. 善于发现孩子的兴趣

每一个孩子都是一个独立的个体，具有明显的差异性，不同的孩子对事物的兴趣也是不同的。例如，有的孩子喜欢美术，有的孩子喜欢书法，有的孩子喜欢音乐，有的孩子喜欢舞蹈，有的孩子对植物感兴趣，而有的孩子却对动物感兴趣……

一位爸爸发现，他的孩子在音乐方面有着特别的天赋。只要一听到音乐，他就会眼睛一亮，异常兴奋；经常哼着一些旋律与歌曲，并且无论多难的乐谱，他用不了多久就能倒背如流。

不久，爸爸就给他报了一个小提琴培训班。经过老师的精心培养，一年后，这个孩子荣获了全市小提琴比赛的冠军。

在与孩子接触的过程中，爸爸要时刻留意孩子的某种兴趣，或在某一种事物上所具有的特别天赋。当然，只是善于发现孩子的兴趣还不够，爸爸还需要重视孩子的兴趣，因材施教，适时引导，以深度挖掘孩子的潜能。

3. 鼓励孩子的个人兴趣

一位爸爸在花园除草，他的儿子在院子里玩耍。一会儿，爸爸听到孩子玩耍的声音，就好奇地问："你在干什么呢？"

孩子说："爸爸，我正准备跳上月球去呢。"

这位爸爸没有像其他爸爸一样认为孩子的想法很荒谬，不可理喻，而是微笑着说："噢！好的。不过，你可不要忘记回家哟。"

1969年，这个孩子真的"跳"上了月球。他就是世界上第一位登上月球的人——阿姆斯特朗。

如果孩子的个人兴趣是积极的、促人进步的，爸爸就需要及时表现出支持与鼓励；而如果孩子的兴趣确实欠妥，爸爸则需要及时加以纠正，让他的兴趣朝着充满光明与希望的方向发展。如果你只是一味地否定孩子的兴趣，说类似"你是不是大脑缺氧了？居然有这么不现实的幻想，真是没事找事！"这样的话，就会无情地折断孩子理想的翅膀。

◇ 好爸爸能保护孩子的天性 ◇

爸爸，这是是什么？

这是恐龙，生活在很久很久以前……

现在到阅读时间了。

好呀，我最喜欢读书了。

有计划、有目的地引导孩子多走走、多观察，多感受文化艺术和历史文物，这样才可以满足孩子的好奇心及求知欲。

读书贵在坚持，如果每天都给孩子安排一段读书的时间，哪怕一天只有十分钟，日积月累也会有惊人的成效。

你不是有一本昆虫百科全书吗，回家咱们一起查一查。

爸爸，这是什么虫子呀？这么大！

不仅要让孩子快乐地玩，而且要从家里玩到外面更广阔的世界中去。在玩的过程中，引导孩子去发现新的事物，培养他们不断探索的能力。

1. 当孩子向你提一些稀奇古怪或你认为不值一提的问题时，你该用何种态度对待？

   _____

   _____

2. 你能发现孩子身上的优点并告诉他吗？

   _____

   _____

3. 你的孩子喜欢读书吗？你有哪些激发孩子阅读兴趣的方法？

   _____

   _____

4. 你会和孩子一起玩游戏吗？请试着列出三种你和孩子常玩的游戏。

   _____

   _____

5. 你善于发现孩子的真正兴趣吗？你是通过哪些方式发现的？

   _____

   _____

   _____

第四章

为人处世：好爸爸能让孩子处处受欢迎

告诉孩子怎样选择朋友

　　随着孩子慢慢长大，他们与同龄人交朋友的愿望日趋强烈，每个孩子都希望与同龄的孩子一起玩耍、聊天等等。此时，爸爸应鼓励孩子去与人交往，这不仅是为了满足孩子目前希望与人交往的心理需要，也是为了培养孩子与人相处的能力，对孩子将来的发展十分有利。

　　但是，在孩子与人交往的过程中，爸爸需要让孩子学会择友和交友。因为孩子的思维、行为、语言等最容易受朋友的影响，如果孩子所交的朋友是志同道合、互相勉励、好学上进的朋友，那么孩子将会一生受益，成为一个优秀的人；而孩子若是交到一些不思进取、好吃懒做、偷鸡摸狗的朋友，那么孩子也会深受其害。这样的情况在现实生活中时有发生，很多孩子本质不坏，但因结交了一帮狐朋狗友，受其影响，结果误入歧途，前途断送在交友不慎当中。

　　因此，为了孩子的将来着想，爸爸要教孩子慎重选择朋友，尽量选择那些有着良好品质、志向高远、诚实可靠的人做朋友。

但是，金无足赤，人无完人，一个人身上不可能聚集所有的优点。所以爸爸还要告诉孩子择友要慎重，但不能太苛求。

1. 帮孩子树立正确的交友目标

交朋友的意义一方面是满足情感上的需要，互相交流、倾诉，另外一方面就是相互促进，共同进步。

小阳喜欢美术，而班上的刘刚从小学画，绘画的功底很深。小阳每次见到他绘画，都很羡慕，也很崇拜刘刚。有一天，小阳对爸爸说："我想和刘刚做朋友，不知道他愿不愿意。"爸爸问他："为什么要选他做朋友呢？"小阳说："他很会画画，我喜欢美术，希望他能帮我，带我走上学画的道路。"

爸爸点点头说："很好，爸爸支持你，你打听一下，他在哪里学画，爸爸也让你去学。"小阳马上就打听到了。小阳也开始学画后，和刘刚走得越来越近。两人经常一起讨论画画的事，进步都很快。

结交合适的朋友，会帮助孩子取得更大的进步和发展。孩子一生中最温暖的友谊大多是在年幼的时候建立的，友谊会促进孩子身心的健康成长。

2. 教孩子学会选择多层次的朋友

因为每个人对友谊的需要都是多层面、全方位的，而这些可能并不集中在一个人身上，因此爸爸要教孩子学会选择多层次的朋友。

小聪回家对爸爸说："班里有一个同学总爱挑我的缺点、毛病，还总要我改正，真让人讨厌！"爸爸听孩子说完，意味深长地告诉孩子："他有可能是你真正的朋友，他这是在善意地提醒和帮助你，否则他不会指出你的不足之处，更不会要求你改正，你要与他交往下去，并按照他说的去做。"

小聪按照爸爸所说的去做了，慢慢地，他的缺点、毛病减少了。此时小聪才意识到爸爸让自己那样做的用意，也与那位同学成了好朋友。

只要对孩子的某一方面有促进，爸爸就应鼓励孩子与人交往下去，这样选择多层次的朋友，才会使孩子多方面得到改进与发展。

3. 让孩子学着主动去找朋友

两人成为朋友之前，需要双方主动沟通、了解，如果只是消极等待，很难拥有朋友。因此，爸爸要鼓励孩子主动与那些品质优良、好学上进的同学交往，增进彼此的了解，才有可能发展为朋友。

4. 引导孩子深入了解对方后再确认友谊

朋友的确定、友谊的建立，是在深入了解之后形成的，如果孩子在认清别人之前，就轻易地与人成为朋友，很可能会因此受到伤害。

教孩子怎样待人接物

宾宾的小姨与表弟到宾宾家走亲戚，宾宾当时正在玩电脑游戏，客人进门时他只回头看了一眼，就转过头继续玩游戏，就像没有看见一样。爸爸喊了宾宾几声，他才极不情愿地站起身，嘟着小嘴走到爸爸的身边说："爸爸，你打断了我玩游戏。"爸爸对宾宾说："快叫小姨、表弟。"

宾宾还没有开口，小姨就走上前拉着宾宾的手说："快让小姨看看，宾宾有什么变化？"宾宾却一甩手说："我要玩游戏去了。"弄得小姨十分尴尬。爸爸看着宾宾这样，十分后悔平时没有教导儿子学会待人接物。

现在有很多孩子不懂礼貌，不知道该如何正确地待人接物，比如家里来了客人不知道打招呼，不懂得端茶倒水，客人走时不会起身相送；对长者没有礼貌，见了面不主动说话；不经别人允许就翻动别人的东西……

这样的孩子经常被人们说成不懂礼貌，没有教养，走到哪里都不会受人欢迎。而孩子不会正确地待人接物，不仅会给别人留下不佳的印象，影响与别人的交往，还对孩子将来的发展不利。

孩子之所以不会正确地待人接物，主要原因有三：一是爸爸观念上不重视，没有意识到待人接物的重要性，或者自己在这些方面也做得不好；二是有些爸爸知道孩子学会待人接物的重要性，但认为孩子现在还小，没有必要如此早地学习这方面的东西；三是虽然爸爸明白待人接物的重要性，并且把这个观点传达给了孩子，也想让孩子尽早学习，但因为没有精力而疏于教导，对孩子的行为放任自流，没有在日常生活中有意识地训练，等等。

因此，为了让孩子学到良好的待人接物之道，以便将来进入社会能更好地与人相处，爸爸需要认真仔细地教导和训练孩子，让孩子的行为无论走到哪里都能受到别人的欢迎，得到良好的评价。

1. 给孩子做待人接物的好榜样

爸爸平时在生活中，一言一行都要给孩子做好榜样，比如家里来了客人应热情招待；不经别人允许，不去翻动他人的物品；认真倾听别人讲话；待人真实诚恳；等等。孩子经常看着爸爸这样做，耳濡目染，自然也就知道了应该如何正确地待人接物了。

2. 教孩子认识待人接物的重要性

一些孩子认为待人接物没有必要学，只要自己能力强了，知识多了，就能够发展得很好。但他们不知道，无论自己其他方面有多强，如果没学会正确地待人接物，对他人颐指气使或者盛气凌人，就得不到别人的支持，也不可能获得更大的成功。

因此，爸爸要教孩子认识到待人接物的重要性，让孩子引起重视，这样，孩子在将来才会有更好的成长。

3. 告诉孩子应该如何去待人接物

正确的待人接物主要体现在三个方面，一是真诚做人，二是尊重他人，三是热情待人。爸爸只要教孩子严格从这三点做起，孩子在待人接物方面一般就不会出现大的问题。

爸爸正在与客人说话，小素想让爸爸陪自己玩，就走上前打断他们的谈话说："爸爸，我想出去玩了，你带我去吧。"小素的爸爸没想到女儿在此时说出这样的话，虽然有些尴尬，但还是温和地对女儿说："爸爸正在谈事情，你自己先玩吧。"

小素叫不动爸爸，只好自己玩去了。爸爸谈完事情之后，把小素找回来，告诉她不能随便打断别人谈话，说这是对别人的不尊重，也是不礼貌的行为。小素记在了心里，以后再也没有做过类似的事情。

4. 让孩子在日常生活中接受训练

让孩子在日常生活中接受待人接物的训练，效果会更明显。

孙英勇是个调皮捣蛋的孩子，平常什么事情、什么人都不放在眼里，爸爸给他说了很多遍待人接物的重要性，但他总是记不住。

但爸爸没有让他放任自流，每次家里来了客人，爸爸会叫孙英勇主动去打招呼，做好接待。做得好的地方，爸爸会及时表扬，哪方面做得不妥，有损待人接物之道时，爸爸就指导他再来一遍。久而久之，孙英勇也就学会了正确地待人接物，并且做得很好。

日常生活中的各种情景是孩子学习待人接物的最佳现场，经常让孩子接受这样的训练，可以纠正孩子的许多毛病。

5. 让孩子明白会待人接物的好处

爸爸可以经常列举生活中一些待人接物的例子讲给孩子听，并设置一些场景，让孩子亲身体验待人接物方式的好坏带给自己的不同感受，让孩子意识到良好的待人接物方式能给周围的人带来愉悦感，自己也会受到别人的喜爱。

孩子正确运用了待人接物之道时，爸爸要及时表扬，让孩子体验到这样做带给自己的愉悦感，明白了正确待人接物的好处，孩子今后才会愿意继续学习待人接物之道，并把自己良好的行为保持下去。

让孩子多参与有益的集体活动

　　小海是独生子，家人对他十分娇惯，结果他成了家里的一个小霸王，什么事情都得他说了算，要什么就得给什么，否则就会大哭不止，直到他的要求得到满足。有一次小海与小朋友们一起玩，任性的脾气遭到了所有孩子的排斥，还因此哭着跑回了家。

　　爸爸趁此机会教小海学着站在别人的立场考虑问题，学会顾及别人的利益与感受，并鼓励小海多用这样的态度参加小伙伴们的活动。小海试着用爸爸教自己的方式与小伙伴们玩，几次下来，小海便很好地融入了集体之中。

　　现在的孩子大多是独生子，在家里很孤独，因此十分渴望加入集体活动之中。但因为父母过度宠爱，孩子容易养成任性的脾气，在最初参加集体活动时往往会受挫，不是与伙伴的关系不好，就是受不了集体规则的约束，以致一些孩子不愿意再参加集体活动。

　　爸爸如果此时放任孩子，或者怕孩子再次受到伤害而阻拦孩子参加集体活动，不仅不能帮助孩子，反而会害了孩子。因为孩子不参加集体活动，缺少玩伴，没有朋友，很可能就会形成孤独、冷漠的性格，不喜欢与人在一起，不愿意与人合作，这对孩子将来的人格发展十分不利。

所以说，孩子参加有益的集体活动十分重要，因为集体活动不但可以满足孩子交往与感情的心理需要，能够帮助孩子学会客观地评价自己与他人，从而改掉一些不良的毛病，还能帮助孩子交到很多朋友，收获友谊。

不仅如此，丰富多彩的集体活动还能增长孩子的见识，扩大孩子的视野，可以使孩子在集体活动中学会调整自己去适应集体活动规则的要求。总之，参与集体活动有益于孩子身心健康，促进其全面发展，为孩子将来走向社会打下良好的基础。

因此，爸爸一定要鼓励孩子多参加各种各样有益的集体活动，让孩子在集体活动中丰富情感，增长知识，提高技能，从而使孩子成为一个有社会价值的人。

1. 为孩子创造各种有利的条件

爸爸应鼓励孩子参加学校举行的各种集体比赛项目，并利用假期多带孩子参加社会上举行的集体活动，或者经常带孩子走亲访友等等。

爸爸还要有意识地使孩子与同龄人有更多接触和玩耍的机会，让孩子尽可能多地参加丰富多样的集体活动。这样，能够避免孩子孤独，提高孩子对集体活动的认识与了解，增强孩子与人交往的能力，为孩子热爱集体活动打下基础。

2. 引导孩子采取积极主动的态度

集体活动虽然有很多好处，但只有当孩子愿意去做，并乐在其中，才能从中受益。因此，爸爸要学会引导孩子，使孩子尽可能地以一种积极主动的态度参加集体活动。

娇娇胆小怯懦，不愿意参加集体活动，爸爸就在日常生活中有意识地引导她，如帮助她召集小区里的小朋友们进行集体游戏，鼓励她和小伙伴们相处，肯定她的长处，并且从她最拿手、最感兴趣的游戏项目入手，一步步引导她参与到集体活动中去。

娇娇从爸爸的鼓励中得到了自信，从自己感兴趣的集体活动中获得了成就感。几次之后，娇娇就主动要求参加集体活动了，胆小怯懦的行为也不见了。

爸爸要想引导孩子主动地参加集体活动，就需要了解孩子的心理，知道孩子的兴趣特长，并且经常鼓励孩子，这样孩子才会对集体活动有积极的态度。

3. 启发孩子讨论活动后的感受

孩子每一次参加集体活动之后，爸爸都要启发孩子谈一谈对活动的感受，肯定孩子正确的想法，纠正不良的想法，帮助孩子提高认知，取得进步。

小标参加学校运动会的400米接力赛，因为他跑得慢了一些，结果他们这组没有获得第一名，其他三名同学都抱怨他跑得慢，说他集体荣誉感不强。小标因此很难受，打算下次就不参加这种集体活动了。

小标比赛完回家，爸爸看他心情不好，了解情况后，就引导他把比赛的经过说给自己听。爸爸及时开导小标说："别的同学这样认为也属于正常现象，你这次跑得比上次快多了，下次加把劲，就会更快了。"

小标听爸爸如此说，心情好多了，不愿意再参加集体活动的念头也打消了。

因为种种原因，孩子可能在集体活动时有不愉快的体验或者不良的情绪出现，爸爸要及时引导孩子讲出来，并且尽早开导，这样才可以使孩子从偏激中解脱出来。

4. 指导孩子适应集体活动的规则

既然是集体活动，就有一定的规则，爸爸只有指导孩子去主动适应规则，才能减少孩子在集体活动时遇到挫折的概率。

孙宽厚很聪明，脑袋灵活，小动作也多，因此在参加集体活动中容易犯规，常常遭到其他伙伴的排斥。爸爸为了使孩子融入伙伴之中，在每次参加集体活动之前，都与孩子一起了解活动的规则与要求，并与孩子一起在家里排练。这样一段时间之后，孙宽厚犯规的行为逐渐消失，伙伴们也重新接纳了他。

每次参加集体活动前，爸爸要让孩子了解活动的规则，指导孩子去适应规则，这样孩子遇到的困难才会减少，成功的喜悦才能更多。

你应该把玩具和小朋友们一起分享。

这是我爸爸给我买的，不给你玩。

爸爸应该告诉孩子："分享不是失去，分享是互利，分享是获得。"这样孩子才会消除担忧，大方地与人分享自己的玩具。

我要和刘刚做朋友，他会画画。

好呀，这样你们以后可以一起学画画。

阳阳好，你真懂礼貌。

刘叔叔，您好。

在正确的交友目的下结交朋友，会帮助孩子取得更大的进步和发展。为此，父母要指导孩子树立正确的交友目的，交到合适的朋友。

为了让孩子学到良好的待人接物之道，爸爸需要认真仔细地教导和训练孩子，让孩子的行为走到哪里都受到别人的欢迎，得到良好的评价。

好父母日常家教演练

1. 日常生活中，你会采用哪些方式来引导孩子学会分享？

_____

_____

_____

2. 当孩子不善于结交新朋友时，你会采取哪些鼓励方式？

_____

_____

_____

3. 你会教孩子如何与朋友相处吗？

_____

_____

4. 日常生活中，你会教给孩子一些良好的待人接物的礼仪常识吗？

_____

_____

_____

5. 你会创造条件，鼓励孩子参与集体活动吗？

_____

_____

_____

第五章

有父则刚：好爸爸能教孩子学会自立自强

让孩子学会自我管理

孩子只有学会自我管理，才会懂得自控、忍耐，管理好自己的情绪，才能有条理地做事，主动打理好自己的生活，实现独立自主，成为一个独立、自律的人。

范虹明年就要上初中了，可是不论在生活中，还是在学习上，她都是个让爸爸很担心的孩子。到现在，范虹从没有洗过一次衣服，学习计划、作业检查一般也都是爸爸代劳。爸爸意识到范虹必须要学会自我管理，才能适应初中的学习生活。

因此，爸爸刻意将生活中的小事交给范虹自己完成，他让范虹自己学洗衣服、叠衣服。在学习上，爸爸也不再插手，目的就是为了使孩子养成自我管理的好习惯。

最初，范虹无法做到管理好自己，在爸爸给她讲清了其中的利害关系以及今后她将面对的生活后，范虹意识到了自我管理的重要性。在爸爸的帮助下，范虹终于学会了自我管理，对此，爸爸感到很欣慰。

孩子学会自我管理，才能主动、自觉地打理好自己的生活。孩子要学会管理好自己的时间、物品，把各项任务安排得条理分明，最终实现独立、自主、高效的生活。

　　孩子具备良好的自我管理能力，无论是在学业上还是在生活中，都能表现得更优秀。自我管理能力强的孩子具有良好的生活习惯和明确的学习计划，会合理地分配自己的时间。这类孩子通常会坚持理想，过上高效、自律的生活。

　　良好的自我管理能力是孩子终身的财富，可以帮助孩子将有限的生命，投入到最有价值的劳动中。有许多成功者，外人看来他们无往不利，其实奥秘就在于高效的自我管理。

　　爸爸要注意从小培养孩子的自我管理能力，让孩子学会生活自理，有效分配时间，做到常组织、常整顿、常清洁、常规范、常自律。孩子时刻这样要求自己，一定能提升自我管理能力。

　　孩子学会了自我管理，也就学会了对自己的行为负责，不断发掘出自己的才能，以最快的速度朝着自己的理想前进。

　　1. 教孩子学会选择和抛弃

　　孩子要想学会自我管理，就要先学会选择和抛弃。无论是对于学习任务，还是生活物品、行动计划及目标等，都要奉行：一线事物是目前最需要的，而对处于二线的事物，应当果断地抛弃。孩子必须将最佳的精力、时间，投入到最需要付出的事物上，这样才能获取最大的成功。

　　孩子在自我管理的过程中，要学会组织好自己周围的事物，学会做出最佳的选择，这样才能更快地走向成功。

2. 教孩子合理划分"时间蛋糕"

孩子要学会分配时间，对生活中的每件事情需要投入多少时间要有规划，根据自己的状态适当调整投入的时间，以便最有效地利用时间。

马上就要过周末了，陈莲列出一张清单：去书店买绘本故事书，找刘老师学画，和刘莉去建宁公园……这些就是她在两天里要完成的事。

陈莲的这个习惯是跟爸爸学的。她第一次能够自由支配双休日时，不知道如何分配时间。爸爸教给她列清单的方法，把所有要做的事情列出来，然后规划时间，一件一件完成，就可以清楚有序地安排好周末了。

孩子要学会管理，就要先学会规划。时间就像一块蛋糕，爸爸要教孩子合理地分配每一块蛋糕。会分配时间，孩子才能条理分明地安排好自己的生活。

3. 教会孩子保持清洁

孩子在自我管理中，要注重保持清洁。首先，要保持个人清洁，孩子有责任及义务每天保持身体及衣服的清洁；其次，孩子要协助维持家庭环境的清洁。这样一来，孩子就要学会自理，学会分担家务。

王森的爸爸要求王森从小学会自我检查。面部、手部、衣服、鞋袜等，都要保持一定的清洁度。王森为了达到标准，养成了"爱清洁，讲卫生"的好习惯，勤洗手、勤洗脸、保持衣物的整洁，他从三岁至七岁就逐渐实现了自理。

王森的卧室是自己打理的，上小学三年级后，他参加了轮流拖地的家务劳动。每次家庭大扫除，王森都是主力成员。在爸爸的时常鼓励之下，王森的生活自理能力不断提高，同时也爱上了劳动。

由此看来，孩子在保持清洁的过程中，学会了自理及承担适量的家务。孩子在自理及承担家务的过程中习得的技能和养成的习惯，会让他早日摆脱对父母的依赖，学会独立、自主地生活。

4.教会孩子遵守规范和秩序

规范和秩序是用来保证社会正常、有序运转的。孩子想要成功地融入社会，就要清楚了解这些规范和秩序。孩子要想具备优异的自我管理能力，也必须将规范和秩序了然于心。一个遵守规范和秩序的孩子，才能在社会正常运转的轨道中，不出现大的差错及失误。

培养孩子独立的性格

孩子具有独立的性格，才能够更快适应独立的生活。要想让孩子放弃对父母的依赖，就要注重对其独立性格的培养。一个自信、独立、勇敢的孩子，才能更好地承受挫折，走向成功。

刘菲最害怕一个人在家，如果遇到意外情况，她就手足无措不知该怎么办好。每次和爸爸上街，她总喜欢被牵着走。爸爸让她挑玩具，她会说："你觉得哪个好呢？"爸爸觉察到女儿对自己太依赖，独立性太差。

一天，刘菲要去买存钱罐。她问爸爸："是买粉色的，还是蓝色的呢？"爸爸说："你自己决定吧，以后，只要是买你的东西，都要你自己决定。"

爸爸还鼓励她自己整理房间，打扫卫生，种花……刘菲现在独立多了，能自己洗衣服，会用电饭煲煮饭了，一个人在家时也能照顾好自己。

独立的性格是孩子学会独立自主生活的关键。孩子在性格上喜欢依赖人，不能承担责任，不会独立思考，这些问题都会影响到孩子今后的发展。

爸爸希望孩子有个美好的未来，就不能事事都满足孩子的愿望。否则，这样容易让孩子产生依赖，无法自主独立地做事情。独立性差的孩子害怕遭遇挫折、承受压力，害怕尝试新事物，无法面对突发事件及变故。

培养孩子独立的性格，需要爸爸先学会放手。爸爸应该试着让孩子承担一些在他能力范围之内的事。爸爸不要怕孩子吃苦，因为这样孩子才能早日独立自主地生活。

孩子缺乏独立的个性，主要是由于被过度保护。爸爸是孩子最强大的保护伞，孩子只要遇到困难，就寻求爸爸的庇护。久而久之，孩子在过度保护下失去了自我判断能力、自我抉择能力、自我思考能力，进入社会后，也会遇到重重困难。

最听爸爸话的孩子，并不是最好的孩子。爸爸不要随意插手孩子的事，要把判断和选择的权利交还给孩子。

1. 允许孩子不"听话"、不"讲理"

爸爸要允许孩子不"听话"、不"讲理"。当孩子不愿意服从爸爸的指令时，这表示孩子具备了独立思考的能力，爸爸要鼓励孩子说出自己的想法。孩子的意愿只要可行，就应按他们的意愿来。爸爸放手、放权才能培养出孩子的独立性。

孩子不"讲理"时，爸爸就要反思：我说的是孩子想要的吗？一个事事都听爸爸话的孩子，多半是在盲从他的意见，并不值得夸赞。

2. 孩子越大，爸爸定的规矩要越少

培养孩子的独立性格，不能规矩森严。孩子想要获得独立性格，需要更多的自由。爸爸总是定规矩，孩子的个性就会被束缚。

陈沃有很多自主权，他上小学时，爸爸只给了他一个规定：做完作业再玩。他很自觉，每天都按规定来做。陈沃在小学时便学会了自主学习。初中时，爸爸对他说："照顾好自己。"陈沃也做得很好。

爸爸并没有严格管教他，但他却成了别人眼中的优秀孩子。他有自己的特长：画画。他品学兼优，给人最深刻的印象是独立。无论是生活，还是学习，他都能打理得井井有条。

孩子要独立，就得多一些个人空间及时间。爸爸减少规定，可以让孩子拥有更多的自由。自由的氛围最利于孩子"自我"即"独立性"的发展。

3. 创造不需要惩罚孩子的环境

孩子每次出现个性行为都被惩罚，这是对心灵的一种打击。孩子出于对惩罚的恐惧，也就宁愿放弃"个性"及"独立"了。

一年前，陈鲛迷上了网上聊天。有一次，爸爸发现他在和别人语音聊天，问他："认识吗？"他摇摇头。第二天，爸爸定了

一个规定：如果再与陌生人聊天，两天不得使用电脑。爸爸其实并不想惩罚陈鲛，为了避免他违规，爸爸想了一个办法：把电脑放在客厅中间。

客厅处于厨房、卧室、书房之间，爸爸和妈妈只要在家，就能清楚地看到儿子在玩什么。爸爸从不走近监视陈鲛，但他却再也不和陌生人网聊了。当时，陈鲛只有七岁。爸爸常用这种方式，不仅让陈鲛避免被惩罚，也让他管住了自己。

爸爸面对孩子的个性行为，不管制不行，管严了也不好。这时，爸爸就要给孩子提供一个不需要惩罚的环境，从而让孩子远离被惩罚。

4. 让孩子学会自觉、自律

独立的个性能让孩子更积极地管理自己。孩子必须改掉被动地听话，等着他人来帮自己做决定的习惯。不具有独立性的孩子，无法自觉、自律地生活，长大后会被社会淘汰。爸爸要让孩子学会"自己的事情自己负责，自己解决"，积极地管理自己。

一个具备独立个性的孩子，不需要"他律"就能"自律"。孩子学会"自律"，才能更加独立自主地选择适合自己的生活方式。

5. 不随意插手孩子的个人事务

对孩子的个人事务，爸爸要鼓励孩子自行解决，不要随意插手。孩子的选择会有幼稚、不完善的地方，但爸爸要清楚，再不成熟的决定，也是孩子自己的决定。孩子需要这种自我选择、

决断的机会。孩子会在失败中走向成熟，个人独立性也会得到
提升。

　　刘茵今天和毛毛因争玩具打架了。回家后，她向爸爸哭诉。
爸爸说："毛毛是你的朋友，这是你们之间的事，你自己去解决
好吗？爸爸帮不了你。"

　　刘茵说："我不知道怎么办，你给我点建议吧。"爸爸还是
摇头拒绝了。第二天，刘茵见到毛毛后主动让出玩具，两个人又
和好了。

放手让孩子自己解决困难

据一份关于小学生的调查问卷报告显示：当问到"如果遇到困难或麻烦，你会怎么做"这个问题时，有70%的学生选择了"找父母或其他人帮忙"，而只有30%的学生选择了"自己解决困难"。

看到这样的调查结果，相信很多爸爸都会很吃惊。

事实上，我国现在很多家庭都只有一个孩子，几代人围着孩子转，对孩子关怀备至，呵护有加，孩子集万千宠爱于一身。慢慢地，孩子就养成了什么事都"靠父母、靠老师、靠别人"的坏习惯。

而对于孩子来说，爸爸就是"能者"与"权威"。所以，当孩子遇到困难或麻烦时，更多时候是向爸爸"求救"，而大部分爸爸也很积极、努力地帮孩子排忧解难，代替孩子解决问题。

其实，爸爸的这种做法不是在为孩子排忧解难，而是在给孩子"添忧加难"。因为你解决得了一时，却解决不了一世。孩子会因此丧失独立解决问题的能力，将来走向社会就会很被动、吃力。

我国著名教育家孙蒲远说过："关心孩子是必要的，但若把他前进道路上的石块全部清扫干净，把坑坑洼洼全部垫平，他可能暂时平平安安，但同时也失去了走坎坷道路的能力。"

所以，爸爸不要总是对孩子"大包大揽"，代替孩子解决问题，而应该合理引导，使孩子逐步养成独立解决问题与战胜困难的能力。

1.培养孩子独立自主的习惯

八岁的小博经常起床很晚，每天闹钟响了好几次，他就是不起床。所以，妈妈每天都得叫小博起床。

久而久之，小博越起越晚，并且经常装病不去上学。爸爸察觉到了事态的严重性，于是对小博说："小博，上学是你自己的事情。我已经跟妈妈说了，她以后不会再叫你起床了。从今天开始，几点起床由你自己决定，自己负责。要是再因为迟到被老师批评，只能怪你自己了。"

第二天，小博还是起晚了，结果被老师批评了一顿。但是第三天，他比妈妈起得都早。从此以后，他就养成了独立起床的习惯。

我国著名教育家陈鹤琴说："凡是儿童自己能够做到的，就应该让他自己做；凡是儿童自己能够想到的，就应该让他自己去想。"

在日常生活中，爸爸要学会适时放手，多给孩子一些独立实践的机会，如起床、吃饭、穿衣服、做作业……并适当地让他承担一些责任与后果，他就会从中获得某种启发与激励，慢慢地，也就养成独立解决问题的习惯了。

2.培养孩子解决问题的能力

上小学二年级的小振问爸爸："爸爸，1000乘以1000等于多少？"

爸爸没有直接告诉孩子答案，而是说："孩子，这个也可以这样算，100乘以100，再乘以10乘以10，这样，我想你就会很轻松地得到结果了。"

结果，小振很快就算出了结果。

爸爸说："当再遇到这种问题时，你会算了吗？"

小振骄傲地说："会了，爸爸！"

中国有句古话："授人以鱼，不如授人以渔。""授人以鱼"只救一时之急，"授人以渔"则可解一生之需。这句话用在教育孩子的问题上，就是指传授给孩子知识，不如传授给孩子学习知识的方法。

面对小振的问题，爸爸并没有直接给出答案，而是教给了他解决这类问题的方法。这样，小振在不知不觉中就具备了解决这类问题的能力，以后再遇到类似的问题，他就会自己解决了。

3. 鼓励孩子直面困难

孩子正处于不断探索、学习、进步的阶段，当然，在不断充实自我的过程中，会遇到各种各样的困难与问题。并且随着孩子的不断成长，他遇到问题的次数及难度也会逐渐增加。此时，就需要爸爸表示出相应的支持与鼓励，帮助孩子更好地解决问题，使其勇于直面困难。

11 岁的小兴问爸爸："爸爸，这道题怎么做？"

爸爸说："你再仔细想想！爸爸相信你一定能做好的。"

小兴做了两遍，说："还是不行。"

爸爸说："这样，你把问题仔细读两遍，看看忽略了什么要求。没事的，别灰心，你一定能得到正确答案的。"

小兴又读了两遍题，发现忽略了一个重要的细节。这一次，小兴终于得到了正确的答案。

在这个案例中，小兴的爸爸就是通过鼓励孩子的方式，帮助孩子最终得出答案。其实，不仅在学习的问题上，在日常生活中，爸爸也可以鼓励孩子直面问题与困难。比如，孩子摔倒时，爸爸可以鼓励孩子自己爬起来；孩子的衣服脏了，爸爸可以鼓励孩子自己洗……

◇ 好爸爸教孩子学会自立自强 ◇

来，咱们一起修，不学的话，你永远都不会。

爸爸，我的航模摔坏了，你帮我修修吧。

你要学会用时间清单，把第二天要做的事情都列在上面。

明天是周日，我不知道该先做什么。

爸爸要不时地将各种生活、劳动技能传授给孩子。当孩子掌握了娴熟的技术时，在实践过程中就会得心应手，就会喜欢上亲自动手实践。

时间就像一块蛋糕，爸爸要教孩子合理地分配每一块蛋糕。只有学会分配时间，孩子才能条理分明地安排好生活。

你是大孩子了，以后你要买的东西，都由你来决定。

爸爸，我是买粉色的还是蓝色的呢?

爸爸不要随意插手孩子的事，要把判断和选择的权利交还给孩子。

1. 你会特意要求孩子自己做一些其力所能及的事情吗？

_____

_____

2. 当孩子不会时间管理、办事拖拉时，你会采取何种方式帮孩子
   学会时间管理？

_____

_____

3. 你会无休止地满足孩子的各种愿望吗？

_____

_____

4. 当孩子的想法和你产生分歧时，你会怎么做？

_____

_____

5. 当孩子遇到困难时，你是大包大揽地帮他解决还是先让他自己
   思考解决的方法？

_____

_____

_____

第六章

高情商：好爸爸能让孩子拥有好性情

帮孩子建立健全的人格

什么是人格？简单地说，每个人的行为、心理都有一定的特征，这些特征的总和就是人格。健全的人格是指能比较客观地认识自我和外部世界，对所承担的学习和其他活动有胜任感，能充分发挥自身潜能，对父母、朋友有显示爱的能力，有安全感，喜欢创造，有能力管理自己的生活，有自由感等等。孩子乐观自信，不怕失败，活跃而有创造力，我们就可以说："这个孩子具有健全的人格。"在未来竞争激烈的社会环境中，健全的人格是孩子一生获得成功的重要保障。

如何培养孩子成才是众多家长关心的头等大事，而在培养孩子成才的过程中，培养健全的人格最重要。

天天已经从高职毕业参加工作了。虽然天天并没有考上理想的大学，但是他为人非常正直，社会交往和生活自理能力很强，又不乏上进心，一家三口亲密无间，其乐融融。也许在其他家长的眼里，天天没有考上大学，是失败者，但天天的爸爸从不这么

082

认为。他认为："教育孩子，没有什么比培养他健全的人格更重要的。"现在在子女的教育问题上，很多家长都遵从"读书为上"的观念，在他们眼里只有分数，这其实是很大的误区。在如今这样一个多样化的社会里，条条大路通罗马，只要自己努力，都有成功的机会。

天天的爸爸说，天天在高中时和他交谈，天天满嘴都是网络术语和影视明星，滔滔不绝。他听不懂，就买来杂志和图书学习，慢慢地，与儿子之间的共同话题多了起来。他从来不反对儿子打游戏、聊天，但也时刻提醒要适可而止，不能耽误学业。正是在这样循循诱导下，天天从来不去外面偷着打游戏、上网，有时在家上网还拉着爸爸一起浏览、聊天，把自己的网友、同学都介绍给他。"在别人眼里，我们父子就像是亲密无间的兄弟，这令我身边的很多同事都羡慕不已。"

让天天的爸爸更感动的是，天天现在独自在外工作，吃住都在建筑工地，但他从未流露半句怨言，偶尔回一次家就抢着帮妈妈洗碗，打扫卫生。他现在也意识到学历不够，一边参加专业培训，一边自学大专教材，非常刻苦。

孩子从小需要培养独立意识，父母只要保证孩子的安全，其他生活上的事、游玩、学习都由孩子自理、自主、自我选择，父母只要做好监督工作，负责偶尔提醒和参谋就可以了。

不同的教育方法会产生不同的结果，这让人想起爱因斯坦的那句名言："单单教给年轻人一门专业是不够的，这样的教育最多只能培养一名有用的机器，最重要的是培养年轻人的人格。"

如果孩子没有了健全的人格，即使成"才"了，也很可能发生各种问题。健全的人格是一个孩子可持续发展的基石。所以，作为爸爸，帮助孩子塑造健全的人格才是培养孩子的重中之重，那么要如何做呢？主要有以下几个方面：

1. 引导孩子树立正确的人生观、世界观

应试教育最大的弊端就是家庭、学校片面地要求孩子考高分，而忽视了对孩子人生观、世界观的培养。一些孩子只知道学习，但不知道为何而学，个别孩子虽然学有所成，但为了追求名利而走上犯罪的道路。作为爸爸，我们应当引以为戒，帮助孩子树立正确的人生观和世界观。对人生、对社会的正确看法有助于孩子树立远大的理想和崇高的目标，使他们在为人生理想奋斗的途中，树立明确、科学、健康的目标。

2. 培养孩子的自信心

自信就是相信自己的能力，它是成就一切事业的根基。任何父母都不能陪伴孩子一生，孩子总有不得不独立面对生活的一天，生活中难免会遇到各种挫折，失败后能否站起来，是对一个人信心的挑战。一个人要想有所成就，就必须要有战胜困难的勇气。没有乐观自信的生活态度和坚毅的品质，困难就不会成为通向成功的财富。

培养孩子自信心的过程中，爸爸首先要善于发现孩子的优点并及时夸奖。孩子需要夸奖，需要鼓励，而父母的夸奖和鼓励能坚定孩子的信心。夸奖不是恭维孩子，而是一种教育方法。其次，

爸爸要"扬善于公堂，规过于私室"，避免当众打骂孩子，爱护孩子的自尊心。除此之外，爸爸还要重视给予孩子挫折教育。当孩子失败时，要发现他的闪光点，鼓励他重拾信心，战胜困难。当他通过努力做好了原来没有做好的事情时，自信心就会大大增强。

3. 培养孩子的诚信、爱心和责任心

诚信是人的立身之本，是道德的根基。一个言而无信的人，没有人会喜欢和他交往，也没有人愿意与他共事。孩子不是生来就会撒谎，说谎的重要原因之一是受到父母的不良影响，可能是父母对孩子不守信用，也可能是孩子害怕说真话受到父母责骂。孩子说了谎，父母首先要从自身找原因，看看是不是自己出了问题；孩子说了真话，即使犯了错误，也要给予适当的表扬。

在培养孩子的爱心方面，许多父母可能都有这样的体会，自己为了孩子什么苦都吃了，什么罪也都受了，可孩子到头来却毫不领情。造成这种情况的原因之一就是许多父母光知道给予孩子无私无尽的爱，却忘了教育孩子学会爱别人。因此，爸爸平时不可无原则地满足孩子的各种要求，要孝敬老人，关心他人，帮助需要帮助的人，并让孩子也学着做，在孩子的心灵播下爱心的种子。

一个对自己、对家庭、对社会负责任的人才是一名合格的公民。孩子的责任感要从小培养，如让孩子尽早学会自己照顾自己，养成做完作业检查的习惯，犯了错误要承担责任等等。这对孩子自我管理、自我约束的培养十分重要。

4. 塑造孩子健全的人格，爸爸要做好榜样

父母是孩子的第一任老师。作为爸爸，在日常生活中为人处世的态度，做事的方式，对孩子的影响有先入为主的优势。正如儿童教育家孙敬修先生所说："孩子的眼睛是录像机，孩子的耳朵是收音机，孩子的头脑是电子计算机。"孩子对父母的行为有模仿和放大的倾向。作为爸爸，要注意自己的言行举止以率先垂范，让孩子在潜移默化中形成对世界、对人生的正确看法。

另外，优秀的书籍也可以为孩子起到榜样的作用。爸爸每天要抽一些时间陪孩子一同阅读，向孩子推荐优秀的文学作品。当孩子在阅读过程中遇到问题时，爸爸可以和孩子一起讨论，以便及时地引导孩子正确地理解和思考书中的内容。孩子在家庭阅读的过程中不仅可以学习到丰富的自然与社会科学知识，还可以受到作品中人物优秀品质的感染，同时也能养成爱读书的好习惯。

让孩子拥有良好的心态

在每个人的人生经历中，都不可能万事如意、心想事成，反而时常会事与愿违。因此，要始终保持一颗平常心，要有经受成败、得失、宠辱、苦乐的准备，因为这些都是生命中不可或缺的。保持一颗平常心是一种人生态度，是世事皆可泰然处之的气质，是一种自信和成熟。

心理健康是一个正常人应当具备的基本素质，也是取得成功的前提和保证。其实，健康的心理也就是要求人们在平时的学习和生活中，要拥有一颗平常心和一种豁达乐观的心态。

现在的孩子长期生活在父母千娇万宠的庇护下，有的好高骛远，爱慕虚荣；有的遇到困难就灰心丧气，易情绪化；有的以自我为中心，自私自利，不为他人着想。因此，家长要及时帮助孩子发现他们的不足，以使他们正确了解自己，纠正不足，从而促进其心理健康成长。

乐观就是以宽容、接纳、愉悦、积极的心态去看待周边的现实世界，它能促进人的身心健康。乐观不仅是一种良好的心态，实际上更是一种心理免疫力，足以帮助人们抵御生活中的困难。

乐观的人极少患忧郁症，在学习和工作中都容易成功，他们的身体比悲观者更健康。乐观的人多数是自爱、自信的，自我控制能力强且性格外向，容易和他人交往。

最开始，对于某件事，人与人之间只有很小的差别，但是久而久之，这种很小的差别却能造成巨大的差异。很小的差别就是指所具备的心态是积极的还是消极的，巨大的差异就是成功和失败。一个人如果一直保持积极的心态，那么他一定会得到幸福，也就是说，在一定程度上，心态决定成败。

一个孩子能否健康、快乐，心智是一个很重要的因素。对于大多数孩子来说，是否拥有乐观的性格，决定着人生的成败。所以说，孩子乐观的性格要从小培养，这会使其受用终生。

当孩子学会用乐观积极的心态对待生活时，他的未来就会充满灿烂的阳光。豁达乐观也是孩子应具备的良好品质，作为父亲应当知道：乐观的孩子往往会比悲观的孩子更容易成功。

宽容的父亲才能教出宽容的孩子

紫矜经常愁眉不展，一副闷闷不乐的样子。爸爸看到女儿这样也很发愁：女儿一点儿小事都往心里去，以后要怎样才能承担更多、更大的事情呢？对此，爸爸经常开导女儿要学会放下、宽容，不要什么事都斤斤计较。

一次，邻居阿姨带孩子来家里玩，小孩不小心把紫矜的玩具弄坏了。阿姨感到很过意不去，说有空到街上再给她买一个。爸爸这时提醒女儿："不要让阿姨买了，自己玩具还多着哪。"紫矜不情愿地哭了起来。没想到阿姨晚上送给了紫矜一个漂亮的头花，紫矜很喜欢，也觉得有点惭愧，从那以后再也不那么小气了。

生活在这个社会上，孩子难免会遇到别人无意间做出的一些令自己不开心的事，此时，应该怎么样对待这些人和事呢？爸爸要让孩子明白，明智的做法就是原谅别人，宽恕别人的过错，学会理解他人。别人是无意犯的错，自己没有必要紧揪着不放。孩子在学会对别人宽容的同时，也释放了自己的不良情绪。

宽容是一种气度，拥有宽容气度的人，心胸开阔，懂得替别人着想，能够以一种怜悯的眼光看待别人，因此能获得良好的人际关系。如果不能宽容别人，就会使误解和积怨越来越深，从而使自己到处树敌。

人非圣贤，孰能无过。我们自己也会犯错误，如果别人不能宽容自己，自己的处境也不好过。所以要学会从别人的立场考虑一下，当别人犯错误时，自己应该怎样做。以己度人，这样自己就能用宽容的心态对待他人了。

宽容的心态不是天生就有的，而是在生活中从别人身上看到并且不断学习形成的。孩子尝到了宽容给自己带来的好处，就会放开自己的心，去理解别人，宽恕别人，让自己成为一个宽宏大量的"宰相"。

爸爸在孩子成长的过程中要注重对孩子宽容心态的培养，让孩子走出自我、自私的狭隘世界，用一颗宽容的心去面对和接受自然、社会和他人给予自己的一切，感谢自然、社会、他人给予自己的美好的事物，释怀生活中的一些负面情绪。

1. 做一个宽容的爸爸

爸爸的形象在孩子心目中是高大完美的，爸爸的一言一行直接影响到孩子的成长。爸爸在家时不要经常抱怨这个同事那个领导，不要辱骂甚至乱发脾气，不然会给孩子留下心胸狭窄、事事必究的不良印象。

爸爸做事要宽容大度，不斤斤计较，要邻里和睦，同事之间融洽相处，朋友间相互体谅。在这样一个宽容的、光明磊落的好爸爸的影响下，孩子自然也能学会宽容大度。

2. 让孩子懂得宽恕别人的错误

宽容最大的特点就是原谅、宽恕别人对自己犯下的错，只有做到这一点才是真正具备了宽容的心态。当然这需要一个长期的修炼过程，不是一朝一夕就能完全做到的。

熠熠和一个朋友约好周末去爬山，他一大早就起来到约定的地点等朋友，结果都超过约定时间一小时了，那个朋友也没来。熠熠非常生气，嘴里骂着朋友不守信用，然后自己回家了，也没有去爬山。

回到家，爸爸看到熠熠气呼呼的模样问他怎么了，他说朋友失约了。爸爸说："也许朋友突然有事没来得及通知你，等见到他问问不就清楚了？不要让自己一整天都在生气中度过。"熠熠到学校后问了同学才知道，原来同学的妈妈病了，一晚上都在医院陪她，所以不能赴约并请他原谅。熠熠知道后大方地原谅了朋友，并去医院探望了朋友的妈妈，二人的友谊更加深厚了。

当别人有错误时，不要一味责怪别人，要先把事情弄清楚。即使别人有错，也要懂得原谅。

3. 让孩子学会替别人着想

让孩子学会替别人着想，也就是让孩子学会换位思考。站在对方的角度看问题，就会对他人的言行释然了。

韩凌是刚从别的学校转来的新同学，学习成绩很好，可就是不怎么和人说话，总是一副冰冷的面孔。云娜想放学后向他讨教几个数学问题，他却说自己没时间，放学后必须马上回家。云娜认为他很自私，没时间只是不想指导自己的借口罢了，所以很讨厌他。

一次偶然，云娜从老师那里得知，原来韩凌的爸爸和妈妈离婚了，他跟着妈妈过，但妈妈身患疾病，他不得不每天放学就早早回家照顾妈妈。云娜才发现原来是自己误解韩凌了。

爸爸要教会孩子多替别人着想，遇事不要总是想当然，很多事情只要从别人的角度去看问题就能够理解。

4. 让孩子和他人友好相处

让孩子和他人友好相处，不要把自己封闭在狭小的圈子里，应该走出去，去接纳各式各样的人，这样，孩子的视野才会打开，心胸才会变宽广。

要想和别人友好相处，首先要学会宽容，如果没有一颗宽容的心，是很难交到朋友的。朋友之间也会相互开导，纯真的友谊会让孩子学会更加宽容。

5. 教会孩子常说"没关系"

当别人做错了事对自己说"对不起"，这是别人认识到了自己的错误，并且请求你原谅的表现。这时，你应大度地说声"没关系"，大方地原谅对方。

爸爸要教会孩子凡是别人说"对不起"时，都要诚恳地对别人回敬一句"没关系"，这不仅能维持孩子良好的人际关系，久而久之也会养成孩子宽容的心态。

减轻孩子的心理压力

王强今年上初三了，学习成绩在班里不是特别好，尤其是英语成绩，老师经常提醒他如果不努力学习英语，就会考不上重点高中。为此，他感到压力很大。爸爸非但没有帮他减压，反而时刻提醒他成绩不好，要好好努力赶上去。

每次考试时，除了王强承受很大的压力外，他的爸爸也承受着很大的心理压力，看到爸爸比自己还紧张，王强的压力更大了。这种压力一直影响着他的心态，也就自然难以考出好成绩了。

现在的孩子面临着来自家庭、学校和社会的多重压力。适当的压力是孩子前进的动力，对孩子的生活和学习都有很大帮助，但是如果压力过大，超出了孩子的心理承受范围，就会对孩子的健康成长造成负面影响。

望子成龙、望女成凤是每位爸爸的心愿，为了达成自己的心愿，很多爸爸会对孩子施加各种压力。其实每个孩子都有自己的压力。恰当的压力是进步的润滑剂，可以激发孩子的内在动力，但是过大的压力则会影响孩子潜力的发挥。

压力过大的孩子一般会出现抑郁、自卑、焦虑等不良的心态，还会导致自身免疫力、生理机能下降，对孩子的身体健康及其对周围环境的适应能力都有一定的阻碍。

爸爸们有了压力会想办法自我排解减轻压力，他们会从朋友那里寻求安慰和帮助，也可以通过自我调节来缓解压力。但是很多孩子的自我意识并不强，无法很好地掌握调节情绪的方法。这就需要爸爸给予指导和帮助。

爸爸要关注孩子的心理变化，多与孩子沟通，用爱去减轻孩子的心理压力，不断提高孩子的认知水平和抵抗压力的能力。如果孩子因为压力过大导致某些心理疾病时，就要寻求专业心理医生的指导。

1. 爸爸要先学会为自己减压

爸爸都希望自己的孩子出人头地，这是很正常的心理，他们往往承受着比孩子还要大的压力。但是很多爸爸在孩子面前丝毫不掩饰自己的压力，而是把自己的压力传递给孩子，给孩子不良的心理暗示，这样不但起不到预想的教育效果，反而还会给孩子稚弱的心灵压上沉重的负担。

2. 让孩子学会用倾诉排解心理压力

在现代社会，每个孩子都承受着来自各方面的压力，这些压力若得不到有效的排解，就会对孩子的身心造成消极的影响。研究发现，孩子在向他人倾诉的过程中能够排除体内不健康的压抑物质，从而维持体内的物质平衡，消除压力。

袁芬今年上初三，还有半年就要参加中考了。她的学习成绩不是很理想，袁芬觉得自己考不上理想的高中，会让爸爸妈妈和老师失望，所以一直闷闷不乐，一想到爸爸平日里对她的关怀和期望，心理上的负担更是沉重。

爸爸感觉到了女儿的压力，就为她买了一本日记本，让女儿把自己的压力都写在上面，但是他要求袁芬写完之后要学会疏导和缓解自己的压力。袁芬按照爸爸说的做了，压力果然得到了释放。

爸爸要引导孩子学会用倾诉排解自己的压力，教给孩子如果心理上有压力，带来了不良的情绪，不要自己憋着，而是要想办法去宣泄，例如写日记，向朋友或父母倾诉，大声高喊，大声唱歌，放声大哭等等。发泄一下，孩子心里就会舒服些，心理压力也会大大降低。

3. 耐心聆听孩子的感受

作为爸爸，当看到孩子有压力的时候自己的心情也会很烦闷，但是聪明的爸爸不会急于为孩子解决问题，而是耐心地听孩子讲述自己的压力来源，逐渐培养孩子自我释放压力的能力。

爸爸要对孩子讲述的事情表现出兴趣，用耐心和关爱，认真平静地聆听孩子的心声。爸爸和孩子都心平气和，孩子就能完全释放压力了。

4. 让孩子学会释放心理压力

一个容易被压力打败的孩子不是优秀的孩子，那些能够最终成功的孩子无不具有勇敢面对压力的心态和巧妙释放压力的能力。有了压力，学会释放是个很好的办法，如学习累了，就放松一下自己的神经，把注意力转移到自己喜欢做的事情上去。

吴佳是班里的文艺委员，最近学校要举行歌咏比赛，她负责组织班里的同学参赛。她承受着很大的压力，怕自己表现不好，让同学和老师失望。

回家后，吴佳吃不下饭，睡不好觉，爸爸看到她的表现，很担心，买了她最喜欢的歌手的专辑，让孩子释放一下自己的压力。吴佳觉得这招很管用，压力减小了许多。

孩子将注意力转移到自己的兴趣、爱好上，能帮助自己暂时从压力中解脱出来，重新面对压力时，就不会再畏惧了。琴棋书画、体育活动等都是较好的心理解压良方，可以帮助孩子放松紧张、焦虑的心情。孩子要多进行体育运动，运动之后会感到全身心放松，这也是一种很好的减压方式。

◇ 好爸爸让孩子拥有好性情 ◇

我是不是脑子笨？这次数学又没考好。

你不比任何人笨，只是方法没掌握，好好总结一下，你一定会考好的。

孩子需要鼓励，父母的夸奖和鼓励能坚定孩子的信心。

我也想和同学搞好关系，可就是不知怎么和她们聊天，经常冷场。

这里有几本提升口才的书，应该对你有所帮助。

小真把我最喜欢的文具盒摔坏了，我绝不会原谅她。

她也不是故意的，对朋友的错误要宽容。

对内向的孩子，爸爸要鼓励其多和朋友交往，可以给孩子推荐几本能提升交际能力的书籍。

爸爸要让孩子明白，对别人无意中犯下的错误，明智的做法就是宽容、原谅别人。

1. 你知道孩子身上有哪些优点吗? 你会针对这些优点进行表扬和鼓励吗?

_____

_____

2. 你了解孩子的个性特点吗? 请试着列举出三项孩子身上最有特点的个性表现。

_____

_____

3. 如果你的孩子性格内向, 不爱表达, 你会采取哪些方法进行改善?

_____

_____

4. 当孩子与朋友发生矛盾时, 你会引导孩子学会宽容待人吗?

_____

_____

5. 你对孩子的期望是否超过了他的承受能力? 你平时是如何向孩子表达你对他的期望的?

_____

_____

下篇

母亲的情绪，决定孩子的未来

第一章

用爱浇灌，妈妈的爱决定孩子的一生

爱是做好妈妈的首要条件

贾欣生了个漂亮的千金，可是她并不快活。因为她根本就不想要这个孩子，她觉得自己还年轻，应该多享受几年自由舒心的日子，可是抵不住父母的唠叨、丈夫的恳求、朋友的劝说以及其他各方面的压力，才心不甘情不愿地做了母亲。

不过贾欣是个负责的人，不会把这说不清道不明的怨气发泄在孩子身上，对女儿，她倒是照顾得很好，对女儿衣食住行的打点几乎可以成为大家参考的范本。

可是在这样一个"模范妈妈"的养育下，贾欣的女儿却没有像别的同龄孩子一样活泼可爱。虽然她文静乖巧，但总带着一丝怯生生的味道，说话做事显得不够自信，眼睛里时不时闪过惊惶、害怕的神色。

寒假过后开学的第一天，贾欣送女儿去上学，学校热闹得像集市，家长们纷纷叮嘱孩子注意这个注意那个，饿了记得吃零食，渴了记得去小卖部买饮料，上课要专心，下课要和同学好好玩……

这种情况下，贾欣和女儿的对话显得尤其简短。

"没什么事了？"

"没有了。"

"那我走了。"

"妈妈再见。"

"对了，晚上我有事晚点回家，晚饭爸爸做。"

"知道了。"

贾欣转身走了。

旁边的班主任听见后觉得诧异：孩子才一年级，要是换了别的母亲有事回家晚而不能按时做饭，肯定得叮嘱孩子几句，先吃饼干啊，或者放学路上买点什么吃啊，哪像这位妈妈那么干脆。

看着贾欣走远的背影，班主任似乎有点明白班里这个可爱小姑娘为什么总是显得有点过分内向、孤僻的原因了。

表面上看，贾欣是个不错的母亲，把女儿的生活打点得相当妥帖，但是她缺少一个成为好妈妈的首要条件，那就是对孩子的爱。

爱是孩子成长环境中必不可少的重要因素。然而完成任务、尽自己的责任、给别人以交代、满足长辈的愿望……贾欣怀孕的所有理由中唯独没有一个：我希望有一个爱情的结晶。她的情感从一开始就处于被动状态，由于没有足够的情感动机做支撑，所以尽管她尽职尽责地养育孩子，事实上她并没有完成从女人到母亲的心理准备，所以她无法从生育和养育的过程中获得快乐，甚至在潜意识中还有排斥的情绪。

这种情绪从贾欣的一举一动中散发出来，从每一个细节传达给女儿。小孩子远比我们想象的要敏感，心灵更加脆弱，母亲不爱自己这个事实会给她严重的不安全感，造成她自闭、忧郁、自卑等负面性格。

因此，贾欣虽然因强烈的责任感为女儿提供了不错的物质条件，教育方面可能也是一丝不苟，但是因为女儿感受不到母亲的爱，其整个成长环境是冷漠的，所以女儿只能用谨慎的言行来保护自己。尤其是当她发现自己与别的孩子待遇不同，当别的母亲对孩子亲昵宠爱时，她就会产生怀疑：为什么妈妈不这么对我呢？妈妈是不喜欢我吗？是因为我不够好，做错了事，妈妈才讨厌我吗？即在潜意识中将自己成长环境的冰冷归结为自己的原因，进而不自信，影响自己性格的正常发育。

爱是亲子教育中不可缺少的一环，比起各种专家吹捧的教育方式，母亲的爱重要得多。有了爱，其他一切都可以逐渐改善；但是没有爱，再尽责的母亲，再完美的教育，都无法养育出出色的孩子。

孩子一出生就需要爱，甚至在妈妈的肚子里时就需要爱。婴儿尤其需要父母温暖的怀抱以及爱的关注。父母细心的养育及照顾，孩子能感受得到。成长中的孩子仍需要父母的爱，通过爱和照料，他们将会了解父母的付出。

爱是人类的基本需求，对孩子而言，也是绝对必要的，绝不会因成长而递减。即使是成人，也仍需要别人关爱，需要亲密和温暖的安抚，需要别人的接纳和友谊的滋润。

当我们温柔地对待孩子，伴随着爱的话语和照料，孩子将感受到自己被关怀。孩子需要知道他们被爱，需要更多的拥抱、亲吻、爱抚，因为他们觉得这是别人对他们的"爱的保证"。他们需要别人的抚慰，或许这是最根本、最普通的需求，爱对孩子的重要性就像父母对于新生儿的重要性一样。

让孩子感受到你的爱

　　韩女士的儿子是个黏人的小鬼，小时候就喜欢攀爬在韩女士身上，上学了还是常常靠在韩女士身边撒娇。韩女士很享受这种和儿子亲密无间的感觉，直到一天到家里玩的朋友惊讶地笑起来："哎，这么大个人了还黏在妈妈身上，男子汉大丈夫，羞不羞？"

　　韩女士一想也是，儿子都 10 岁了还那么黏人，也许的确是自己娇惯太过，这么下去说不定会养出个"娘娘腔"。

　　于是每次儿子想要抱抱韩女士的时候，韩女士都会闪开，告诫他说："男子汉大丈夫，站直了，别总靠在别人身上。"

　　直到那天送儿子去为期一个月的军训，看着儿子小小的个子背着大大的背包渐渐走远，韩女士突然心头一酸，忍不住跑上前去抱住儿子，狠狠地把他搂在怀里好一阵才松开。

　　"妈妈，你是大人，这么做好羞哦。"儿子刚说完又放低了声音，"妈妈我好舍不得你。"

　　韩女士开始回忆儿子想要抱自己的时候：考试成绩不好，哭的时候；拿了第一名，开心的时候；收到礼物，表达谢意的时候；舍不得离开，撒娇的时候……

韩女士发现，拥抱这个简简单单的动作可以容纳如此丰富的感情，在特定的场合似乎难以找到可以完全替代它的方式。真情流露并不是一句"娘娘腔""黏人"可以概括的，自己为什么非要制止孩子这种爱意的表达呢？

她想，儿子军训回来的时候，她还要拥抱他。

现在有些妈妈很少拥抱孩子，其实，这个举动是表达爱的最好方式，足以包含所有爱的内容。

拥抱，虽然只是一个小小的举动，却体现了妈妈对孩子深沉的爱，同时，也能化解与孩子间的很多误会与矛盾。它不仅是妈妈对孩子爱的表达，同样也是孩子对妈妈爱的表达。

在人类的各种动作中，拥抱是一种非常独特的行为。根据美国心理学家赫洛德·弗斯博士研究发现，经常拥抱的人比起同龄人会更加年轻有活力，经常彼此拥抱的家庭关系更为亲密，而经常和父母拥抱的孩子心理素质更好，生活态度更为积极，能够承受较大的压力。

对父母来说，拥抱则是通过肢体传达感情给孩子最直接的方式，一个简单的动作就能在众多不同的环境下给予孩子安慰和动力。中国传统文化一向以含蓄为美，父母子女之间的拥抱没有得到足够的提倡，反而会受到一些阻碍。但是，在了解到拥抱的作用后，你还会放弃拥抱你的孩子吗？

有些父母需要学习如何表达对孩子的爱意。一位妈妈描述她小时候和爸爸妈妈都保持一段距离，爸爸妈妈爱她，却从未表示过对她的爱意。现在她当了妈妈，仍沿用以前的方法。她很爱她两岁的女儿，却无法很开放地表达爱意。

这位妈妈感性地说出了心里的话，于是决定打破惯例，学习如何表达自己的感情。她比以前更常抱女儿，靠在女儿身边讲故事给她听，或抱她荡秋千。她发现，每天有无数次机会可以表达爱意，而女儿从没拒绝过。经过几个星期的练习，她兴奋地对公司的同事们说："你们知道吗？刚开始我是为了女儿才这么做，现在我觉得这对我也很重要。"

家人之间关怀的表达可以营造出一种每个人都很重要的气氛，而使孩子深深感受到安全感。父母可以用拥抱和亲吻来贯穿这些气氛，使孩子感受到自己是个可爱而独特的个体。孩子最爱我们轻轻抚拍他们，不管是膝盖擦破皮，或心理受了伤，在爸爸妈妈怀抱中的孩子，很容易舒服地安静下来。一个拥抱或温柔的轻拍，有时候可以帮助孩子抚平心里的伤痕。

(1) 孩子起床时，拥抱会使他迅速调整好心理状态迎接新的一天。

(2) 孩子入睡时，拥抱会在潜意识中给他安全感，使他尽快入睡。

(3) 孩子成功时，拥抱可以让他感受到你心中的喜悦和骄傲。

(4) 孩子受挫时，拥抱表示对他的接纳，会减轻他的负疚感和害怕被责怪的恐惧。

(5) 孩子哭泣时，拥抱会使他的压力迅速释放出去，情绪逐渐镇定下来。

(6) 孩子情绪低落时，一个拥抱传达出了你对他无尽的支持。

不能用物质来代替感情

韩伟的爸爸是一家外贸公司的老总，妈妈在一家房地产公司做销售经理，都是成功的白领人士。因为爸爸妈妈的工作忙，韩伟从小就和外公外婆生活在一起。老人疼爱外孙，衣食住行都安排得妥妥当当，加上韩伟也聪明懂事，学习上从来不用大人操心，成绩一直不错，所以平日里学习、生活的事情，爸爸妈妈几乎没有怎么管过。

爸爸妈妈也觉得自己的付出太少，有些对不起孩子。于是，凡是爸爸妈妈能够想到的、看到同龄的孩子有的，或是韩伟要求的，无论是吃的、用的、玩的，爸爸妈妈都尽力满足他。逢年过节，或是韩伟生日，爸爸妈妈都会给他买很多礼物，给他很多零用钱。假期里，爸爸妈妈也会让韩伟去参加各种冬令营、夏令营，甚至是远赴欧美的文化交流活动。尽管这样，但韩伟似乎与爸爸妈妈的感情越来越疏远了。爸爸妈妈到外婆家看他时，韩伟只是打个招呼，吃完饭，就回到自己的房间不知干什么去了；爸爸妈妈问他一些关于学校和学习的事情，韩伟总是敷衍了事，或是用最简短的语言回答；爸爸妈妈偶尔有时间想陪他出去玩玩，或是逛逛街，韩伟经常会找种种理由推辞，让爸爸妈妈把钱留下让他自己来安排。更让妈妈接受不了的是，他们给韩伟买来的吃的、用的，韩伟常常连看都不看，就那样放在柜子里或是干脆没开包装就送给了同学。外婆偷偷地告诉妈妈，她听到韩伟在电话里对接受他礼物的同学说："甭谢我，无所谓的，反正我爸妈钱多的是，也不管我到底需要什么，买了放在那儿也是浪费。他们也就剩下给我买东西、给我零花钱的作用了。"

爸爸妈妈不明白：我们为了韩伟什么钱都舍得花，给他最好的物质和生活条件，他怎么就不领情，还这样对待我们？

韩伟的父母因为工作忙，没时间和孩子在一起交流，只是尽力在经济、物质上给予孩子最好的条件，认为这样就可以替代与孩子的情感沟通。

孩子的成长中，最需要与父母在情感、心理上进行沟通，这是其他任何人都无法替代的，也是经济、物质上的优越无法替代的。即使工作再忙，也不应该成为父母疏于与孩子进行交流和沟通的理由。否则，孩子会认为父母并不重视自己，也不关注自己的情感、心理需要，而渐渐与父母疏远、对父母冷漠，甚至产生逆反和隔膜。

孩子因为得不到父母的关爱和重视，其心理需要得不到满足，这最终会影响孩子的心理健康。孩子会变得孤僻、多疑，对他人尤其是父母不信任，情绪不稳定，没有责任感、没有爱心，不懂得理解和关心别人。

通过生活中点点滴滴的小事，父母就可以与孩子交流、沟通，对孩子表示关爱，并不一定要专门的、安排好的时间。父母不应该因为工作忙碌，就把孩子全权托付给老人，只是在经济上、物质上为孩子提供优越的条件。其实，孩子需要的仅仅是每天与父母一起吃顿饭，能得到父母关爱的嘱咐和爱的目光，这是有心的父母都可以做到的。

　　孩子需要有保证他正常学习、生活的物质条件，但这些并不需要过度的优越，甚至是奢侈。奢侈的物质条件，只会使孩子觉得一切都太容易得到，而不懂得珍惜、不懂得爱护。要知道，经济和物质都不能代替情感、心理上的关注。

儿子，想妈妈了吗？

妈妈，你出差期间，我天天想你。

生活中，父母一句充满爱意的话语往往会让孩子感到极大的满足。父母对孩子爱的表达能消除彼此之间的隔阂，令亲子关系更进一步。

妈妈，我要和小伙伴一起玩。

宝宝，外面太危险，在家里看动画片吧。

不要以爱的名义约束孩子，要让孩子在爱中既得到情感的满足，又能有更多的机会去探索外面的世界，尝试做各种事情。

爸爸妈妈，今天周末，你们还要出去吗？

爸爸妈妈有一个很重要的会议，陪不了你了，你拿着钱去买几本书看吧。

孩子的成长中，最需要与父母在情感、心理上进行沟通，这是其他任何人都无法替代的，也是经济、物质上的优越无法替代的。

1. 你向自己的孩子明确表达过爱吗？他能感受到你的爱吗？

_____

_____

_____

2. 孩子对于你给予的爱是不是愿意全部接受？为什么？

_____

_____

_____

3. 你是否以爱的名义要求孩子做一些他不情愿的事情？孩子是否
   感觉到爱的压力？

_____

_____

_____

4. 当你总是对孩子表达爱意时，是否希望得到孩子爱的回报？

_____

_____

_____

5. "别让爱成为彼此之间的负担"，你同意这句话吗？试着回忆
   一下自己生活中有没有这些现象。

_____

_____

_____

_____

第二章

学会尊重，好妈妈要和孩子做朋友

感知孩子的自尊心

　　课堂上，一个学习成绩很差的学生举起手，希望能回答老师提出的问题。可是当老师要他回答时，他却答不上来。老师感到非常奇怪，后来问他为什么不会也举手时，这个学生哭着说："老师，别人都会，如果我不举手，别人就会笑话我。"此话一出，老师感到了学生那颗强烈的自尊心。于是，他私下里告诉这个学生，下次提问时，如果会就举左手，不会时就举右手。

　　以后上课时，老师每看到他举起左手，就尽量给他机会让他回答，而看到他举右手时就不让他站起来了。一段时间后，这个学生变得开朗了许多，学习成绩也有了很大的进步。于是老师悄悄地把这个方法也应用到班里其他几个学习不好的学生身上。结果，他发现整个班都发生了很大变化。

　　这个故事告诉我们，教育的前提是尊重。著名教育家马·卡连柯说过："要尽量多地要求一个人，也要尽量可能地尊重一个人。"

　　孩子年龄虽小，但也是一个有感情、有灵性的人，有着同成年人一样的情感世界，懂得快乐与痛苦、羞愧与恐惧，有自尊心和荣誉感。妈妈对孩子们应多一点耐心，少一点急躁；多一些宽容，少一些指责。尊重是教育成功的秘诀，是教育的"切入口"，不懂得尊重孩子，你的任何教育都无从谈起。

孩子毕竟也是一个独立的生命，不是可以任由我们大人摆布的"玩具"。要尊重孩子，要像尊重成人一样对待孩子，但现实存在的问题是：该把孩子当孩子时，我们没有把他当孩子，不该把孩子当孩子时，我们却把他当成了孩子。

比如，孩了正玩得高兴，大人常喜欢走过去拖起他来逗一逗，或者在他脸上亲几口，总之是表达喜欢和爱意。然而得到的反应可能是被孩子推开，甚至大喊："你走！我不要你进来！……"

这是尊重吗？就算是，也只是停留在表面的尊重而已。事实上，我们随时随地会打断孩子，随时随地把他当个小跟班一样吆来喝去，做什么事都是只根据我们大人自己的主观好恶，而没有去考虑孩子的需要和感受。有时甚至认为这么做是在为他好，是在爱他，可孩子为什么不领情呢？

尊重孩子，就要平等地对待孩子。孩子一来到这个世界上就已具有了独立的人格和尊严。然而许多家长却视孩子为自己的私有财产，想要孩子做什么就一定要孩子按照自己的意图去做，不是把孩子当成家庭中在人格上平等的一员，而是当成消极的、被动的"管束对象"。不是尊重、支持他们有益的、健康的兴趣和爱好，而是将大人的兴趣和爱好强加在孩子头上，让孩子成为实现自己未能实现的理想的"替罪羊"，把孩子当作自己沽名钓誉的工具。

另一类家长又对孩子"过于尊重了"，让他们想做什么就做什么，想怎样就怎样，一家人屈尊地围着"小太阳"转。这种把孩子当成家庭的"中心"，大人围着孩子转的做法，其实是对尊重的误解。这实际上还是没有把孩子当作一个平等的人来对待，是对孩子的另一种不负责任。长此以往，孩子必有任性跋扈、目无尊长、狂妄自大等性格倾向。

还有一类家长在与孩子发生矛盾时，轻则责骂，重则抬手就打，这也是极其错误的。孩子需要教育，不经过长期的、科学的教育，孩子不能成人，也不能成才。但我们必须坚持在尊重孩子人格尊严的基础上教育孩子。教育只有在尊重人格、尊重个性的前提下进行，才可能培养出真正的"人"来。对孩子的尊重，会使孩子更加自尊，有了自尊，才可能自强。现实中，许多"破罐破摔"的孩子，都是因为失去了自尊才变成这样，为什么会失去自尊？因为他们没有得到应有的尊重。

别看孩子只有几岁或十几岁，他们也都有着强烈的自尊，期望得到大人的认可。尊重是教育之母，妈妈如果不能满足孩子起码的得到尊重的要求，一切教育都将是零效果甚至是负效果。

孩子在成长发展过程中会有一种强烈的被尊重的需要——对于自尊和来自他人的尊重的需要或渴望。这一需要的满足对孩子积极自我的确立、和谐人格的发展具有重要意义。但是，由于所处心智阶段的限制，孩子内心中被尊重的渴望无法像生理需求那样，能简单明了地表达给成人，而是会通过一些具体的行为展示出来。因而，对于妈妈来说，透过孩子的行为表现识别他的真实意图是很重要的事。孩子的尊重需求的表现形式可以归纳为以下几类：

1. 要求得到成人的关注

孩子是在与外界环境的互动中发育成长的，成人的关注是他们生理和安全需要得以满足的首要条件。同时，孩子也通过成人的关注来确认自我的存在。一岁之前，孩子借助哭闹、微笑等手段吸引成人的注意力。学步以后则通过自我表现来达到目的。大多数情况下，孩子会用积极的办法引起成人的关注，如主动招呼父母来看自己搭的积木、画的画、做的某个动作，要求父母帮自己数跳绳、拍球的次数等。他们迫切地希望父母看到自己的成绩，从成人的关注中获得自信和自尊。

有时，孩子也会用一些消极的办法引起注意，如把整洁的房间搞得乱七八糟，把某件物品打烂，在有客人来访时大吵大闹生出事端。还有时，孩子会借助一种更为隐蔽的方式表达自己的需要，如反复强调自己的不舒服——"我被虫子咬了""我肚子好痛"等。有时这些状况也可能是孩子的几种引起成人关注的信号，他们是想通过父母对他们的关心感受到自己的重要性。

2. 表现出自主性行为

就整个学前期来讲，孩子接受成人的旨意，服从成人的安排，构成了他们生活的主要内容。然而，孩子会在尊重需要的支持下表现出自主性行为——不依赖他人而自由地做出判断与主张。比如他们会自己提出选择穿哪一件衣服，自作主张看哪一部卡通片，玩哪一个玩具，无视父母的要求。也许在成人看来，孩子这种行为的理由根本站不住脚，让人难以捉摸，但孩子却会尽力坚持自己的主张。一旦如愿，他们便像打了胜仗的战士一样志得意满，而不会在意成人的失望与无奈。

3. 要求被赞扬和被认可

"孩子都爱听好话""哄小孩"等日常言语从经验层次反映出孩子的一种普遍倾向，即喜欢被成人赞扬和认可，由于这种需要倾向，孩子除了要求父母对他们的各种"杰作""成绩"给予关注以外，还迫切希望得到成人的夸奖和表扬。一句"你真能干"，往往能让他们喜滋滋的神情持续很久，并激励他们充满信心地去做别的事情。反之，如果孩子从父母那里得来的信息是自己做得很不好，则会使他们兴趣索然而不愿、不敢去做其他事。究其原因，是因为父母的认可与赞扬直接作用于孩子的尊重需要，这种正向的鼓励与肯定可以激发孩子的积极情绪，增强孩子的自信心，满足孩子的尊重需要；负向的批评与否定则容易导致孩子消极情绪和情感的产生，以及尊重需要的匮乏。

4. 要求负一定的责任

要求负一定的责任是孩子自主性行为进一步发展的产物。一个常见的现象是，到了一定年龄，孩子不再顺从于成人的包办代替，而是要求"我自己来"。于是，从自己的吃饭、穿衣、洗澡到成人做的烧饭、擦地这些事，孩子都想"插一手"。这时候他们跑来跑去、忙个不停，即使被父母称为"帮倒忙"也乐此不疲，除非遭到强令禁止、训斥，被赶到一旁，否则不肯罢手。限于发育的水平和已获得的社会经验，孩子能完成的"负责行为"毕竟很有限，但他们却从这有限的行为中看到了自己的力量，由此获得成就感和自尊感。

5. 要求有自己的空间

孩子的行为控制能力虽然很弱，但他们仍渴望拥有一块领地，这块领地既是空间上的，也是心理上的。在那里，他们可以随意摆放自己的物品、玩具，给玩具分配角色、安排任务，可以讲述自己的故事，倾泻情感，保存自己的小秘密。在父母眼里，也许这块领地里的一切，均可以一目了然，但绝不可以轻易点破。因为，一旦让孩子发觉自己的秘密全在父母的掌握与控制之中，他们的尊重需要就可能遭受挫折，以致滋生出自卑、弱小、无能之感，甚至可能会丧失基本的自尊与自信。

尊重孩子的隐私与秘密

星期六一早，付女士的儿子就与同学出去玩了。付女士一个人来到儿子的房间，发现儿子的书桌杂乱无章，就走过去整理一下。付女士打开儿子的抽屉，在抽屉里，付女士突然发现了一个黑色的笔记本。

儿子在笔记本的第一页上写道："自从我上中学以后，我的心里就逐渐变得空虚与孤独，父母除了关心我在学校里的表现外，就是把我关在家里学习。每天当我伏在桌前，不停地写那些永远也写不完的该死的作业时，我就有着说不出的痛苦。"

读完儿子的日记，付女士的内心感到了一种强烈的震撼。她原以为自己和儿子是亲密无间的，可万万没有料到儿子与自己之间竟有这么大的代沟。

傍晚，儿子回到家里，又关上房门独处。晚餐的时候，儿子突然问："爸，妈，你俩谁动了我的东西了？"

"没有啊。"付女士假装糊涂地说。

儿子见妈妈的态度如此坚定，什么也没有说，闷闷不乐地走开了。

过了两天，儿子上学出门后，付女士又偷偷溜进儿子的房间，打算从儿子的日记里洞察他内心的秘密，令付女士吃惊的是，抽屉上不知何时安了一把小铜锁。

晚上，当儿子回到家后，付女士鼓足勇气对儿子说："儿子，我犯了一个错误，你能原谅妈妈吗？"

儿子沉默了一会儿，冷冷地说："不就是偷看日记的事嘛，我不想再谈这件事了。"

"如果你原谅妈妈，就请你把锁打开吧，别把妈妈当贼似的。"

儿子气呼呼地把钥匙抛给付女士说："这是钥匙，你该满意了吧？"

几天以后，当付女士无意中再一次来到儿子的房间时，她又鬼使神差般地想看儿子的日记。可是令付女士失望的是，儿子的抽屉虽然没有上锁，可那日记本不知何时已无影无踪了。

有一天，儿子突然对付女士说："妈妈，你是不是很失望？"

"你为什么这样说？"

"因为我把日记本扔了，并发誓不会再写日记了。"

付女士惊愕地意识到：她已经失去了儿子的信任。

随着孩子的长大，成人对孩子的担心，慢慢转变为不放心和不信任。于是一些父母就会像上文中的付女士一样，偷听孩子电话、偷看孩子日记。孩子之所以要求父母"请勿打扰"，根本原因在于父母无视孩子的存在，不尊重孩子的人格与自尊，引起孩子的反感。实际上，孩子非常需要父母的尊重和理解，他们也有自尊。

一个女孩给某青少年心理咨询所写信，在信中倾吐成长的烦恼："老师，我是一名初二学生，我有一个很大的烦恼，那就是妈妈老是要私拆我的信件。我有不少朋友，比如小学里的、外面辅导班里认识的、一起排练节目的等等。平时学习太紧张了，我们就写信联系。可是信一寄到家，我妈妈就要拆开，先看看，然后才肯给我。我说了她好几次，她就是不听。我已经不再是过去的小孩子了，所以我感到妈妈这样做是不尊重我。那天，妈妈拆看了我的来信后，一边把信扔给我，一边说：'哼，你现在什么也不告诉我了，你还能瞒得了我？'天哪！我有什么东西要瞒着她呀！老师，你说我妈妈这样做，我该怎么办？"

处于十四五岁花季的孩子，为什么十分反感父母偷看他们的日记，私拆他们的信件？他们为什么总爱在家中自己使用的抽屉上锁上一把锁？似乎有什么不宜公开的秘密，或者有什么见不得人的事情。父母正是因此而担心。

其实，这是他们独立意识和自尊意识的一种体现。进入青春期的孩子，心理上出现了一些新变化：随着年龄的增长，他们对父母的依赖减少，独立意识增强，成人化倾向明显，希望别人尊重他们的自主性、独立性；随着生活领域的扩大，知识信息的增多，他们的内心变得敏感起来，感情也变得更细腻，许多想法开始在脑海中翻腾，原先敞开的心扉开始渐渐关闭，有了自己的隐私；而且，即使有不少话想说，但观点已经与长辈不一致了，于是他们与父母的沟通明显减少，转而向"心爱的日记本"大量倾诉内心的"秘密"，或者通过信件诉说内心的感受。

因此，他们往往会把日记本视为不许别人触碰的珍宝，并用"锁"画出他人不可随意进入内心世界的"警戒线"。这是独立意识和自尊意识的体现，是孩子走向社会的前奏曲，对处于青春发育期的孩子的身心健康关系重大。然而，有的父母往往出于对孩子的关心和爱护，千方百计地窥视、探测孩子的隐私，却没想到这种"关爱"侵犯了孩子的隐私，成为阻碍其心理健康成长的绊脚石。

在孩子的成长过程中，往往会有许多孩子不愿向父母说的秘密。拥有秘密是孩子成长的营养品，对孩子来说，秘密往往与责任紧密相连，并且往往意味着要独立承担责任。从这个意义上说，没有秘密的"水晶人"是永远长不大的，拥有秘密并能恰当处置是孩子走向独立的标志。

而许多父母往往处于一种尴尬的境地：一方面希望孩子能够独立，一方面又想了解孩子的所有秘密，生怕孩子脱离自己的监管会成为脱缰的"野马"。这其实是不信任孩子的一种表现。而采用偷看孩子日记等方式则更是如此。

中国青少年研究中心的一项调查发现，近30%的中小学生日记和信件被父母偷看过。难怪有位中学生在给教育家孙云晓老师的信中写道："我想用世界上最大的声音，告诉所有不信任我们的人：请信任我们！路是我们的，人生是我们的，生命是我们的。我们能够自己装点人生。大人应该给我们一些机会，让我们也试一试，不做一个永久的观众。父母老是说：'我想了解你的想法。'可是他们知道归知道，但并不按我们的想法去安排。这样的理解等于零。"因此，作为父母，应该尊重孩子的秘密，尊重孩子的隐私。虚伪的、不光明的行为只能培养出更加虚伪的孩子，诚实要靠诚实来感染，了解孩子并不等于要掌握孩子的全部秘密。

毫无疑问，保护孩子的"隐秘世界"是对孩子的尊重，父母也会因此赢得孩子的敬重和爱戴。那么，父母应该如何对待孩子的隐私和秘密呢？

1．不偷听孩子的电话

一个网友曾说，她的孩子已经 16 岁了，正是有秘密的年龄。有时孩子打电话，她就在旁边听。之后发现孩子与同学在电话里竟说起外语了，这让她可担心了。其实，这正是由于父母不允许孩子有秘密，孩子打电话都像"犯人"一样受到监视，当然只能想办法对付父母了。父母不要去偷听，假如真的有疑惑，可以开诚布公地问问孩子，孩子一般是不会反感的，孩子反感的是父母偷偷摸摸、不光明正大。

2．不逼迫孩子说出不想公开的秘密

对于孩子的秘密，重要的是给予孩子适当的帮助或引导，不应该以打骂、斥责等方式逼迫孩子公开，这样做的结果只能是适得其反，更严重的结果是使亲子关系更加僵化，加大教育的难度。假如孩子真的不愿意说出秘密，可以耐着性子等等看，另外，父母应当想办法让孩子相信，你们才是最能够给他们切实帮助的人。

3．营造平等、宽松的家庭氛围

随着年龄的增长和独立人格的形成，孩子的"保密性"意识

越来越强。如日记和书信的内容，与同学交往和谈话的内容，都不愿主动地向父母透露。这时的父母，可以经常主动地找孩子交谈，达到与孩子情感上的沟通，营造家庭中平等、民主、理解、宽松的氛围，使孩子感受到自己和父母之间不仅仅是血缘上的亲子关系，更是生活中可以信赖的朋友。这样一来，孩子也更愿意把自己心中的秘密告诉父母。

4. 有的放矢，引导孩子健康成长

尽管孩子的自主意识逐渐开始增强，但正确的人生观尚未形成，是非观念不强，缺乏自我克制的能力，正值成长的心理危险期，在处理诸如学业、情感、人际关系、生活等许多方面，还不能把握好分寸。因而父母在细心观察孩子思想动态的同时，要根据其性格、爱好等，有针对性地采取措施，培养孩子分辨是非的能力。当孩子有了自己的爱好、理想甚至异性朋友时，作为父母更应循循善诱，加以引导，使孩子在学习和生活中调整好自己的思维、生理和心理，规范自己的品德和人格，学会如何去辨别朋友、增进友谊、处理矛盾，并不断排除和修正内心隐秘世界中的非健康因素。当然，父母还要允许孩子"保密"。每个正常人的内心都会有秘密，从这个意义上讲，尊重孩子的"隐私"，就是尊重孩子的人格。

尊重孩子的兴趣爱好

海龙已经上初一了，以前的假期，爸爸妈妈都是把他送到奶奶或外婆家，因为家里没有人给他做午饭。这个假期，妈妈觉得海龙已经长大了，应该要更独立一些，所以就在刚刚放假的几天前教海龙做了几样简单的饭菜，让他自己在家时不至于饿着没饭吃。

谁知道，原本只是为了能让海龙简单对付的一顿饭，竟让他从中发现了很多的乐趣，并喜欢上了做饭。只要有时间，海龙就会抢着为家里人做饭，追着爸爸妈妈学这个、学那个，甚至还把妈妈多年以前买的一本菜谱拿出来，有事儿没事儿就研究一番，按照菜谱上备料，动手操作。

起初，爸爸妈妈没有把这当回事，只觉得孩子是一时兴起，吃了海龙做的菜还都交口称赞。可时间一天天过去了，海龙的兴致有增无减，水平一天比一天高，劲头也一天比一天大，他甚至对爸爸妈妈说："没想到做菜这么有意思，我以后长大当个厨师也不错！"

爸爸妈妈很生气，觉得别人家的孩子要么喜欢看书，要么喜欢画画、音乐，自己的孩子怎么偏偏喜欢上了做饭？妈妈很后悔当初一时想起来让海龙学做饭，爸爸也一个劲儿地埋怨妈妈。于是，爸爸妈妈建立起了统一战线。为抑制海龙这个"不良嗜好"，每天都把他送到奶奶或外婆家，就算再麻烦也在所不惜。家里的菜谱被没收，他们还严令禁止海龙再进厨房，并开始反反复复地向海龙灌输做厨师没有学历、没有地位的思想：即使当个高级厨师也是伺候人的，多没出息！我们要你好好读书，以后考上大学，才有好前途。

海龙的妈妈在孩子兴趣、爱好的选择上有较强的功利心，对一些与孩子考试、升学有关的，或是感觉上高雅的，就积极支持、鼓励，甚至是逼迫孩子去学。而对于一些孩子真正喜欢的，如烹调，却因为不符合自己的价值观就加以制止、否定。

孩子有选择自己兴趣爱好的权利。如果父母制止孩子的兴趣爱好，而把自己的意志强加给孩子，孩子不是出于真正的喜欢，兴趣和爱好就失去了它应有的意义。过分抑制孩子，会使孩子渐渐地对什么都不感兴趣，甚至变得空虚、无聊，从而影响孩子性格的发展。

父母把功利心和不正确的价值观带到孩子的兴趣爱好中，或许会让孩子觉得他所做的事情并不是出于自己的意愿，而是为父母做的，从而没有热情和积极性，甚至产生逆反心理；或许还会让孩子受到这种功利思想的影响，变得爱慕虚荣、片面追求所谓的高雅时尚。

父母对孩子的过分干预和对某些职业的否定性描述，会使孩子对自己的爱好产生片面的认识，认为自己没有眼光、没有本事，从而否定自己对事物的判断能力，变得没有自信。

父母应该从小发现、鼓励和培养孩子有一种或几种爱好。这样会使孩子的人生变得丰富多彩，充满乐趣和期待，这对孩子的一生都有很积极的作用。在孩子选择兴趣爱好时，固然需要父母的引导，但绝不可以代替孩子选择。即使这种选择可能与父母的期望有差距，但只要是正当的而非不良的嗜好，父母就应该尊重孩子的选择。

孩子在做自己喜欢的事情时，他的创造力和潜力才有可能得到充分地发挥，他的专注、认真，持之以恒的习惯和意志品质也可以得到锻炼。这些，对孩子的学习也是有帮助的。

当然，父母要给予孩子指导和帮助。如果孩子因为沉浸在某个兴趣爱好中而影响了正常的学习、生活，父母还是应该进行一定的干预，教会孩子正确对待两者之间的关系，合理安排时间。但要用孩子可以接受的方式，切不可简单粗暴地制止。

◇ 学会尊重 ◇

今天上课时我借同桌的铅笔，老师以为我在说悄悄话，当着全班同学的面批评我。

那你一定感觉很尴尬。今后你不妨多准备一支铅笔，这样就可以避免这种情况了。

父母只有尊重孩子，以平等的身份对待孩子，与孩子建立相互信任的关系，做孩子的知心朋友，才能实现和孩子的良好沟通，从而更有效地纠正孩子的不良行为。

妈妈，我想要这个粉色的文具盒。

好，那就给你买这个吧。

这是妈妈不对，我以后保证不看了。

没经过我允许，你怎么能看我的日记呢！

父母要尊重孩子的选择，多给孩子一些选择权，不要把自己的意志强加给孩子。

保护孩子的"隐秘世界"是对孩子的尊重，父母也会因此赢得孩子的敬重和爱戴。

1. 换位思考是一个非常有效的沟通之道，你和孩子之间会经常这么做吗？请举例说明。

———————————————————————

———————————————————————

———————————————————————

2. 在有关孩子自己的事情上，你的孩子有自主选择权吗？当发生冲突时，你是怎样做的？

———————————————————————

———————————————————————

———————————————————————

3. 孩子相信你吗？具体表现有哪些？

———————————————————————

———————————————————————

———————————————————————

4. 孩子的兴趣爱好能得到你的支持和理解吗？你是如何帮助你的孩子正确分配时间的？

———————————————————————

———————————————————————

———————————————————————

5. 你的孩子感受到你的尊重了吗？请举例说明。

———————————————————————

———————————————————————

———————————————————————

第三章

沟通的艺术：妈妈这样说，孩子才会听

交流时，用微笑代替严肃

情景一：

林旭今年七岁了，他一直是个很听话的孩子，可是随着年龄的增长，妈妈发现他不再像以前那样把自己的话当回事了。

一次，妈妈回家后，林旭迫不及待地把学校里的事情讲给妈妈听，可是妈妈很累，根本就没有心思听他说话，就不耐烦地打断了他，让他去给自己倒杯水。倒水回来，林旭还想把话说完，可是妈妈却用很严肃的语气命令他去写作业，林旭很不情愿地走回自己的房间。吃完晚饭后，妈妈想再让林旭把话说完，林旭却不想说了，扭头回到了自己的小屋。

情景二：

崔鹏五岁了，他正一个人在客厅里玩。爸爸走过来，扫了客厅一眼，发现沙发上、地板上、茶几上都是儿子的玩具。爸爸便严肃地对崔鹏说："快点把你的玩具收拾干净！"崔鹏嘟哝着："我还没有玩够呢，我的小马刚拼到一半，我要再玩一会儿。"

爸爸听了儿子的话，说："你都玩了一个下午了，马上就天黑了，赶快收拾好！"崔鹏没有听爸爸的话，一直认真地拼着小马。妈妈看到爸爸又要发脾气了，急忙走过来，微笑着对儿子说："鹏鹏，你先拼好这匹小马，然后自己收拾好玩具，好吗？"崔鹏听后乖乖地点了点头。爸爸见状，摇摇头走开了。

　　林旭的妈妈和崔鹏的爸爸在和孩子交流时，都忽略了一个情况：父母板着面孔的严肃表情代表着对孩子的不满甚至厌恶或嫌弃，会带给孩子很不好的感觉。

　　父母若总是板着面孔与孩子说话，孩子就容易站到父母的对立面，不愿执行父母的要求，甚至与父母形成强烈的对抗关系。如此严肃的与孩子说话，绝不是最佳的亲子交流互动模式。如果父母对孩子多一些微笑，多一些尊重，多一些征求，孩子也会对父母多一些尊重，多一些"服从"。虽然很多时候孩子也明白，父母板起面孔教育自己是为了自己好，但他无法接受父母这种与自己说话的方式。

　　孩子的世界有孩子的规则，父母若不按照他们的意愿来，就容易给孩子带来伤害。父母要尊重孩子鲜明的个性和独立的人格，只有这样，孩子才乐于同父母交流，也乐于接受父母的指引。

　　"微笑父母"更加受孩子的欢迎，为了孩子的健康成长，也为了家庭关系的和谐，我们都要努力成为"微笑父母"。

　　在要求孩子做某事却遭到拒绝时，父母要分析其中的原因。很多时候，不是父母说的话不正确，而是父母的态度有问题，如板着面孔教训和命令孩子，这样会让孩子反感，孩子就容易拒绝听从父母的话。

陈贝正在玩电脑游戏，妈妈一看已经晚上九点半了，就板着面孔命令他道："还不快去洗脸睡觉！"陈贝回过头，瞪了妈妈一眼，撇了一下嘴说："我马上就去睡。"妈妈见儿子正在兴头上，也发现了儿子不满的表情。她意识到自己的口气可能不好，于是，就缓和了一下语气，对儿子说："我看你玩得很高兴，要不你再玩十分钟，十分钟后就去睡觉，好吗？"陈贝高兴地点头答应了，十分钟后，他主动关上电脑去洗脸了。

父母只要学会分析孩子拒绝"服从"的原因，就可以找到让孩子乐于"服从"的方法。其实孩子往往不是一味地想抗拒命令，只是想多一点尊重和理解。

用温和的态度与孩子交流

彬彬是个聪明的孩子，平时也很乖巧。但有一次，她与妈妈到姨妈家去玩时，却发生了点不愉快的"小插曲"。到了姨妈家之后，因妈妈很长时间没有见到姨妈了，所以难免与姨妈聊得时间长了点。彬彬刚开始与表弟玩得很好，但当快到吃饭的时候，彬彬却吵着要和妈妈回家。妈妈正与姨妈聊得起劲，也没有在意彬彬的瞎闹，只随口说了句："去，去！去玩你的！"

没想到彬彬一改往日的乖巧，躺在地上撒起娇来。这还真让妈妈很没面子，抡起巴掌就在彬彬的脸上留下了"纪念"。这下彬彬就哭得更厉害了，姨妈只好让他们母女"打道回府"，一次好端端的相聚就这样在不和谐的气氛中草草收场了。

其实，假如妈妈能与彬彬好好说，或许就会避免出现这样尴尬的局面。

孩子幼小的心灵很容易受到伤害，采用任何粗暴、武断的方式对待孩子都是不合情理的，只有用温和的方式，才能更好地走进孩子的心灵。采用温和的态度与孩子进行交流，更符合孩子的心理要求和特点，这样才有助于父母与孩子之间的思想与感情更好地沟通，从而使孩子信赖父母、尊重父母，欣然地接受父母的教育。

假如父母用粗暴的口吻告诫孩子，孩子往往会拒绝，因为他们认为对你的让步意味着自己的软弱与不自主。往往听到有些父母高声亮嗓地吼孩子："不要吵，不要乱喊乱叫！""父母说话时别插嘴！"在此种情况下，孩子常常也会态度强硬起来，变得蛮不讲理。

实际上，客气地用温和的语调征求孩子的意见，他们会乐意去实现你的愿望。假如你能换成温和的口吻，表现出对孩子意见的重视，友好地问："你是怎样想的？"或者说："我想和你商量一下，你说怎么办才好呢？"这时，你就会看到孩子会很认真地考虑、关心你所提出的问题。

当孩子出现某些问题的时候，父母不妨先放下"粗暴"的管教方式，尝试着使用一些温和的态度，或许还真能收到预想之外的良效。

1. 爱意融融，用温情打动孩子

对待孩子的问题，要包含无限的真诚与浓浓的爱心。要知道，只有温情脉脉的建议，孩子才能欣然地接受，从而有效地打开孩子的心灵。

2. "未成曲调先有情"

对待孩子的问题，只有动之以情，才能收到良好的效果。当父母用温和的阳光去照耀孩子内心的时候，孩子自然就会在愉悦中快乐成长。

3. 针对孩子的情况提出建议

有效的建议，都是有的放矢的。父母对孩子提出的建议应从孩子的实际情况出发，做到针对性与可行性兼具，唯有如此，才能够收到事半功倍的良好效果。否则，无效的建议提得太多，反而会很容易引起孩子的反感。

4. 以体恤与宽容孩子为出发点

孩子的成长是一个不断犯错误与学习的过程。因此，在面对孩子的问题时，父母不能发脾气或自我失控，而应给予理解，以体恤与宽容孩子作为出发点，才能够做到理智、平静地面对与处理孩子身上的问题。

5. 不要把建议变成命令

父母给孩子提供建议是必要的，但千万不能抱有"孩子必须这样做"的想法，否则，这就不是"建议"了，而变成了"命令"。孩子是独立的人，他们也有自己的选择权，对于父母的建议，他们有选择的余地，父母应该尊重孩子的意愿，切忌采取压制或胁迫的手段。

与孩子交流的内容要具体

黄灵觉得孩子真让自己操心，几乎每时每刻都得把心思放在他身上才行。

天刚亮，就听见黄灵的声音："今天降温了，别穿昨天那件衣服了，当心感冒。"

孩子才穿戴完毕去洗手间洗漱，黄灵的声音又飘了过来："牙膏别乱挤，会浪费的。"

吃早饭的时候，黄灵也在不停地念叨："别那么拿筷子，不好看""别那么盛汤，别人会笑你的""别那么拿碗，像讨饭的一样"……

孩子上学之后，黄灵会轻松一下，可是从下午五点多孩子回家后，黄灵的嘴又要不停地开始工作了。

吃完了饭，孩子坐在沙发上看电视，黄灵要告诉他坐相不好看。

孩子看看书，黄灵要告诉他注意看书的姿势，不然以后会近视。

洗脚的时候，黄灵又要告诉他别把脚放水里泡泡就完事，那样洗不干净。

有时候连丈夫都觉得黄灵唠叨，可是黄灵一瞪眼："我还不想费这个劲呢，可是你看看，孩子都10岁了还一点不懂事，我能不操心吗？"

是的，黄灵的孩子比起同龄人来，显得不够机灵，也没有其他孩子那么有活力。他做事总是畏首畏尾的，一副没信心的样子，总感觉想避开父母，对黄灵更是"嗯嗯啊啊"说不出几句完整的话。

黄灵真想自己孩子能像其他孩子一样，能主动拉着母亲絮絮叨叨地说学校里的新鲜事，能自己照料自己让父母放心，可是看看自己孩子的样子，什么时候才会有那一天呢？

从黄灵的言语中可以看出，她总是在否定孩子的行为，这种不断来自至亲的否定首先摧毁的就是孩子的自信，所以孩子缺乏由自信焕发出的活力。

黄灵在否定孩子的同时，并没有给出应该怎么做的具体指示。对孩子来说，他只知道自己这样做是错的，那样做也是错的，却不知道自己究竟应该怎样做才是对的。不断地尝试却又遭到不断地打击，他养成了始终都在怀疑自己的习惯。怀疑自己所做的事情是不是符合黄灵的要求，所以做事的时候就会畏首畏尾，害怕自己做错，害怕自己再一次遭受打击。

由于没有得到过肯定，也不知道怎样做才能得到肯定，所以孩子只能采取少做少错、避开黄灵这样的方法来减少打击，其直接后果就是减少了和母亲的交流。从长远来看，在这种茫然、担心、自我怀疑、逃避交流等情绪下长大的孩子，无论是在交流能力、生活能力还是自信品格上，都远远逊色于同龄人。

在现实生活中，很多父母在和孩子说话时，往往只讲空洞的道理，结果道理没少讲，孩子听进去并转化为实际行动的却少之又少。比如，有的父母说："孩子，你的表现真好"，孩子会纳闷，不知道自己好在什么地方。因此，即使父母常说这样的话，也是不会收到实际效果的。

心理学家海伦曾说过："具体到某件事情上，用语越具体，其有效性就越大。"因为越具体，说明父母对孩子越关心和了解。父母说得太空泛，没有实际内容，孩子就会觉得父母只是随口一说，并非自己做得很好或是犯的错误很严重。

1. 对孩子的批评要具体

当孩子做错事的时候，父母都会批评孩子，但如果不懂得批评的技巧，不和孩子讲清到底什么地方做得不对，孩子改错的意识就会很淡薄，对于怎样改正错误也没有明确的概念。

妍妍回家后，妈妈就开始劈头盖脸地批评她："你怎么可以这样？你这样做妈妈多伤心，和你爸爸离婚后，妈妈就辛辛苦苦地拉扯你，可是你看看你自己是怎么做的？"

妈妈的话让妍妍很纳闷，她不知道自己因为什么事情让妈妈如此生气。

她开口问妈妈，可是妈妈却又说道："你还好意思问我啊？"

妍妍委屈地哭了，她实在不知道自己到底做错了什么，所以，那段时间她感到特别压抑。

后来妍妍才知道，妈妈是因为看见她和一个男同学放学一起回家，以为她早恋了，才如此气愤。

父母在批评孩子的时候，要尽量控制自己的不良情绪，具体、客观地为孩子指出他犯错的地方以及原因，给予孩子科学、恰当的指导，这样才能达到教育孩子的目的。

2. 对孩子的表扬要具体

父母对孩子的表扬和赞美，不仅要及时，还要具体，要注意强调孩子做得令人满意的具体行为，表扬越具体，孩子就会清楚地知道，哪里是需要自己继续努力的地方。

袁乐是个很调皮的孩子，经常把家里弄得乱七八糟，有时候，妈妈刚收拾好屋子，她就又给弄乱了，这让妈妈很生气。但是打也打了，骂也骂了，袁乐还是和之前一样不听话。

妈妈特意跑到书店去买了一些关于育儿的书，从书里学到了"赏识教育"的方法，妈妈在生活中也试着去做。比如，妈妈发现女儿将门口的鞋子捡起来放进鞋柜，就说："妈妈要谢谢你把鞋子捡起来了。"女儿将头梳好了，妈妈会说："孩子，你今天的头发梳得真漂亮。"

在妈妈的具体赞美中，袁乐似乎也感觉到了妈妈对自己的关爱，从而扬长避短，成了人见人爱的懂事孩子。

在父母的表扬里，孩子也可以认识到自己什么地方做得不足，进而努力改正自己的不足并纠正自己错误的行为，从而实现全面发展。

3. 利用具体情境和孩子说话

空泛的言语说教对孩子是不起作用的，父母要学会利用具体的情境与孩子说话，因为在具体的情境中，教育才更有针对性，孩子也才能印象更深刻，记得更牢。

周日，妈妈带赵飞去公园玩，当时天气炎热，很多人都在吃雪糕，垃圾桶的旁边已经堆了很多雪糕包装袋，赵飞没有将雪糕袋子扔进垃圾桶，而是丢在了旁边的地上。

一位清洁工正费劲地捡着地上的袋子，妈妈觉得这是教育儿子的好机会，就对他说起了清洁工作的不容易，还教育他做个尊重他人的人。赵飞听了，觉得妈妈说得很有道理，就过去帮助清理垃圾，不但将自己的袋子捡了起来，还将其他人扔的都捡了起来，妈妈看到后很高兴。

父母应该学会利用各种情境对孩子进行教育，比如，在餐桌上，可以教孩子基本的进餐礼仪；在公交车上，教孩子主动为老人让座；在公共场合，教孩子要爱护公共卫生，自觉地将垃圾扔进垃圾桶里；在公园，教孩子保护树木，禁止乱摘花草等。

◇ 沟通的艺术 ◇

今天周末，又到咱们家的闲聊时间了。小华，你来说说，咱们刚才看的电影怎么样？

要想打开与孩子交流的大门，营造顺畅交流的氛围，最重要的是要使交流显得坦诚和有效。父母应该让孩子知道，他们投入了全部的爱心和真诚来与他交流。

这个电影挺好看的，虽然演员不是特别有名气，但演得非常真实。

要吃饭了，别玩儿了！快点把玩具收拾干净。

父母若总是板着面孔与孩子说话，孩子就容易站到父母的对立面，不愿执行父母的要求，甚至与父母形成强烈的对抗关系。如此严肃的与孩子说话，绝不是最佳的亲子交流互动模式。

你怎么可以这样！你太让我伤心了，老是做错事情。

妈妈，你把我搞糊涂了，我到底做错什么了？

当孩子做错事的时候，父母都会批评孩子，但如果不懂得批评的技巧，不和孩子讲清到底什么地方做得不对，孩子改错的意识就会很淡薄，对于怎样改正错误也没有明确的概念。

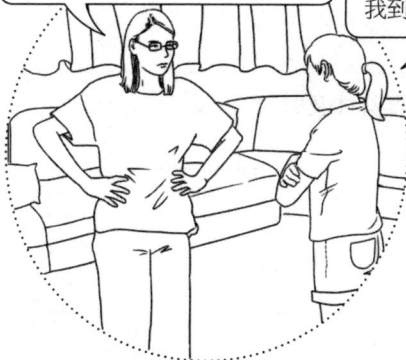

好父母日常家教演练

1. 怎样营造一个适合与孩子交流的氛围?

   _____

   _____

   _____

2. 有哪些话语是不可以在与孩子的交流中使用的? 举出几句容易
   让你孩子厌倦的话语。

   _____

   _____

   _____

   _____

3. 如何把握好和孩子说话的时机?

   _____

   _____

   _____

4. 总结一些孩子容易接受的说话方式。

   _____

   _____

   _____

5. 为什么说批评和表扬孩子一定要具体及时?

   _____

   _____

   _____

   _____

第四章

调适心理，妥善解决孩子的心理问题

消除孩子的自卑感

　　小雪现在在某重点中学读初二，有一次在和妈妈谈心的时候，她说自己非常自卑。妈妈急忙追问原因，小雪这才哭着诉说起来。原来，因为小雪的身高不高，长得也很平常，对班里的同学，特别是男同学来说一点吸引力都没有。而她的同桌则是一位非常漂亮活泼的女孩子，和班里的男生关系都特别好，一下课就和班里的男生说笑、打闹，剩下小雪一个人坐在座位上，显得格外的孤单。其实小雪也非常想和班里的同学一起玩，但是又觉得自己对于别人来说一点吸引力都没有，所以只能以羡慕的眼光看着同桌，一个人孤孤单单地上学、放学。妈妈听了之后觉得非常心疼。那么应该怎么改变小雪，让她不再自卑呢？

　　其实，这种自卑的思想在中学生甚至大学生中都非常的普遍。因为在这个世界上总有那么多人相貌平平，可能在第一眼上永远不如那些长相美丽的人有吸引力。正因为小雪的平凡，所以她一方面对看见同桌与别人兴高采烈地一起玩感到羡慕，另一方面却又害怕自己遭到冷遇，因此索性就把自己深深地隐藏在人群后面。另外，小雪将自己与漂亮开朗的同桌进行对比，就更加觉得自己不如别人，加重了自卑感。

自卑心理是一种因过分的自我否定而产生的自惭形秽的情绪体验。自卑感是一种常见的心理现象，几乎人人都会在某个时刻表现出一定的自卑感，不过只有当自卑达到一定程度，进而影响到学习和工作的正常进行时，才将其归为心理疾病。

自卑是人消极的自我意识的一种表现。自卑的人，往往不切实际地低估自己，只看到自己的缺陷，而看不到自己的长处。自卑的人，由于对自己各方面的评价都过低，所以丧失了实现自我的信心。同时又认为自己哪里都不如别人，害怕得不到别人的尊重。自卑会使人背上沉重的思想包袱，丧失前进的动力进而影响人一生的发展。

帮助孩子走出自卑的阴影，可以从以下两方面入手：

1. 鼓励孩子走进同学中去

上文中的小雪其实走入了一个自卑的怪圈——因为自卑，不敢和同学交往；而又正是因为把自己孤立了起来，所以就更加自卑。要想走出这种自卑怪圈，最简单有效的方法就是让小雪主动地走进同学中。可以鼓励小雪课间的时候与同学们多说说话；放学的时候，主动和同路的同学一起回家，交流一些学习和生活中的信息。如果小雪害怕与她的漂亮同桌进行对比的话，可以先让她与一些同样平平常常的孩子接触、交流，等到有足够的自信时再去扩大交往对象的范围。

2. 让孩子看清楚自己的优点和长处

著名的法国作家莫泊桑曾经说过："漂亮是女人的财富，然而并没有人限定只有漂亮才是女人的唯一财富。"所以，要让小雪明白，每个人都有自己的长处和短处，如果总拿自己的短处和别人比的话，会越比越自卑。可以让小雪在纸上写下自己的优点，即使是很小的优点都不要放过。然后不妨拿自己的长处去和别人比一比，比如，自己的成绩优异，具有丰富的文学知识、很好的文采，这些都是同桌所不具备的，是自己独有的资本。而且，小雪完全可以将自己的优点进一步地巩固和发展，从而使自己拥有能让人注目的焦点。

如何让孩子告别孤僻

开学已经一个星期了，老师还不认识有些同学的家长，于是宋老师决定对同学们进行一次家访。

今天该到任冰同学家去了。

"任冰。"宋老师在改作业的同时喊了一声，但没有人回答。

"任冰。"宋老师以为孩子没听见，又亮开嗓门喊了一声，但还是没有人回答。

"任冰同学在吗？"这次宋老师放下手中的红笔，用眼扫视了教室的每个地方，这时候才见任冰慢吞吞地从座位上站起来，不过还是没回答。

"任冰，老师今天准备去你家家访，高兴不高兴？"

任冰只是点了点头，没有说话，脸上也没有一点儿笑容。

这孩子怎么了，是不舒服吗？按理说，一年级的小朋友，一听说老师要去自己家，都会兴奋得手舞足蹈，可她怎么一点兴奋劲都没有？

晚上放学后，宋老师和任冰一同回她家。路上，任冰也不说话，宋老师问她五句，她连两句都回答不上，只是面无表情，让人无法接近，不知道这孩子心里在想些什么。

到任冰家后，宋老师见到了她的父母。任冰只说了一句："妈妈，我们老师来了。"然后便进了自己的小屋，独自写起作业，爸爸妈妈喊了几遍她也没出来。

任冰的妈妈性子比较急躁，一看女儿这样，非常生气："怎么生这样一个孩子。上幼儿园时就不理睬小朋友，现在上小学了还是这样，平时见到亲戚朋友也像不认识一样，真拿她没办法。"

"任冰比较特别一些，她上课不太爱吱声，下课也很少跟同学们一起玩，同学们拉着她的手玩，她也是一会儿就不见了，她只喜欢一个人在墙角偷偷地看，自己却无法融入集体的欢乐中。"

宋老师试着拉她的手出来一起说说话，可是她还是不肯出来，妈妈在一旁说要不是碍于老师在，就打她了。

在我们身边，总有像任冰这样的一个小群体，他们是一群性格内向、胆小谨慎，从小不善言辞，好像天生就不善于交往的孩子。

难道他们真的天生就是这样孤僻吗？实际上并非如此。每个孩子都有交往和渴望被人认可的需要，尤其是那些刚入学的孩子，他们更是渴望得到老师的认可和同龄伙伴的喜欢，所以看起来孤僻的孩子，并不一定天生如此。

孩子们在相互的交往中，往往会表现出不同的交往能力。有的孩子性格外向，爱说爱闹，不甘寂寞，不惧怕生人，他们能灵活地找到话题和活动内容，很快就能与陌生孩子打得火热；还有一些孩子，他们常常不愿意在人多热闹的场合出现，尽管他们也希望有很多朋友，但却无法做到，常常被孤独困扰。这样的孩子往往羞怯胆小，缺乏自信，不敢主动接近同伴，也不会运用面部表情、体态语言等方式与人交往。久而久之，他们的性格就会变得孤僻，沉默寡言，他们就像在大海中漂浮的小舟一样，孤独地学习、生活、自娱自乐。

孤僻的孩子常常会在心理倾向与行为方式上，不自觉地将自己同周围的环境疏远开来，并尽力躲避与外界的联系，尽量减少和避免与他人交往，这是一种性格上的缺陷。性格孤僻的孩子，很容易因长期缺乏友情，思想情感得不到及时的交流与宣泄，最终形成多种心理或精神问题。

对于有孤僻倾向的孩子，最有效的办法就是父母要对其多一份爱意。不要再用"大棒政策"教育孩子了，试着站在孩子的角度，了解和体谅孩子内心的苦衷，用充满爱意的语言安抚孩子。在日常生活中，不要只顾着给孩子买这买那，而应该要多关心一下孩子的内心世界，从多方面对孩子的性格和心理进行培养。

1. 对孩子进行心理关注

从为人父母的第一天起，对孩子的心理关注就应该开始了，甚至包括对幼年时期孩子的心理教育。在平时，多抽点儿时间培养孩子对新鲜事物的兴趣，保护孩子的好奇心和求知欲，不要总是打击孩子，认为他这也不行，那也不对。同时，要不失时机地让孩子掌握探究新知识的方法，鼓励孩子大胆想象，甚至可以异想天开。

在处理家庭关系、同伴关系时，父母们最好能多与孩子的老师和同伴合作，帮助孩子养成合作意识，掌握合作技巧，并以此获得人际关系支持和相应的人际地位。别忘了给孩子足够的重视，给他们表达和宣泄的机会，同时要让他们能够体察他人的情绪，控制自己的情绪。在孩子的学习、游戏和生活等活动中，要有意识地培养孩子面对困境时的反应能力。

2. 帮孩子寻找知心朋友

当你遇到不开心的事时，一定愿意将心中的苦闷、忧虑、悲伤以至愤懑等情绪告诉自己的知心朋友。孩子也一样，他们有不愉快的事，也愿意说给朋友听。孩子的朋友恰恰是解决这些令人头痛的问题的能手。

但是，一些孩子因为胆子比较小，不善于交往，朋友自然非常少，即使他们很希望倾诉，也找不到倾诉的对象。这时候，你就要鼓励他相信自己，肯定他惹人喜爱的品质，让他多交些朋友。如果他在人多的地方觉得不自在，不愿意与同伴沟通，在小范围内才能够放松，你可以为孩子创造与他人交往的机会，比如邀请与他比较合得来的朋友来家里玩。在自己的家里，主人的地位会给孩子增添交往的自信。同时，你还可以教孩子一些与小伙伴交谈的技巧，如怎样与朋友一同分享、哪些话会伤到朋友等。当孩子逐渐有了朋友之后，你就能发现孩子孤僻的性格有所改善。

3. 有意识地锻炼孩子

有意识地锻炼孩子，可以强化他与人交往的行为，比如把家里的一些"外交"任务交给他去做，请他帮着给邻居送东西，叫他到楼下拿信件，或者给客人倒杯水等。但是不要过分地给孩子增加压力，强迫孩子在客人面前表现，这会使孩子感到更加难为情。另外，也不要随便给孩子"贴标签"，比如当着客人的面说"这孩子太胆小了"或"他天性不合群"等，这对孩子来说，不仅不会改变他孤僻的性格，反而还强化了他的行为，使他认定自己原本就是这样的，以致更加远离群体，不善交往。

4. 尊重孩子的行为

就算你不喜欢孩子孤僻的性格，也要尊重他，不能说孩子不喜欢交往就是缺点，其实大多性格孤僻的孩子是性情使然，他们也能够在清净中自得其乐，这也是他们的一种生活方式。作为父母，你要做的就是主动和这类孩子沟通情感，充分满足孩子的亲和欲，比如同他握手、贴脸拥抱、讲话以及玩各种游戏等，来满足孩子的情感需要，加强与孩子的沟通，逐渐拆除他心中的高墙。

5. 进行适当的心理治疗

很多孩子因为父母教育不当，过多地被限制参加正常的集体活动，或被父母经常打骂、恐吓，或父母关系不和，或家人远离，或遭遇各种意外等，从而会产生严重的心理创伤，这也是造成他们孤僻的重要因素。如果你打算对其进行治疗，恐怕不是一时半会儿可以见效的，这时最好寻求心理医生的帮助，找出环境中导致孩子出现问题的要害因素，改善教育方法，引导孩子多参加集体活动，增加生活乐趣，从而改善其孤僻的性格，促进其健康、快乐地成长。

疏导孩子的恋母情结

一间心理咨询室里坐着一位苦恼的母亲。她是为了儿子来做心理咨询的。

这位母亲告诉心理咨询师："我儿子今年已经上初三了，但跟我的关系亲密异常，十分依恋我。以前我也没觉得有什么，可最近听了一些关于心理学方面的广播节目后，心里开始恐慌，因为儿子对我总是什么事情都说，晚上散步的时候也一定要跟我一起去，有时候班上哪个女孩子给他写了信，对他有好感，甚至对某个女孩子的评价，全都会告诉我。我现在很担心：我儿子他是不是有俄狄浦斯情结，他现在这么大了对母亲还是这么依恋是不是不正常？我不知道自己究竟能够做些什么，我爱人有时候也很生气，说儿子总是长不大。医生，你告诉我，我们究竟该怎么做，才能让他长大呢？"

俄狄浦斯情结又称恋母情结，是指孩子在五岁左右时为了对抗与母亲的分离焦虑而激发的依恋母亲的情结。

从某种意义上来说，恋母是儿童心理发展的必然阶段，如果孩子在五岁前和母亲形成稳定、安全的关系，这一时期伴随的以自我为中心的感知方式会慢慢地因为身心成长而被对外部世界的兴趣取代，开始社会化过程，恋母的心理趋向也会慢慢地潜抑，并在成长中转化为爱的动力，形成与人达成深层亲密的能力。如果妈妈忙着工作，忽略了孩子，或个性比较冷淡，不怎么喜欢孩子，不能给孩子及时的照料，甚至虐待孩子，孩子就不容易与母亲形成稳定、安全的关系，恋母阶段的心理成长也就无法完成。孩子会因此在潜意识中去寻求补偿，甚至过度补偿。比如总是渴望母爱，不愿意离开母亲，害怕不被母亲接纳，对母亲的话过度认同等。

还有的孩子用控制母亲的方式来表达恋母情结。为了让母亲变成自己需要的样子，其会做一些非理性的行为，用各种办法纠缠母亲。母亲不能满足他的要求时，他就会仇视母亲。还有这样的情况，母亲过度依恋孩子，强化和鼓励孩子与母亲保持密不可分的关系，无意识地控制、压抑、挫败孩子自立的能力，不让孩子离开自己。这样的孩子成年以后，甚至结婚生子后还需要妈妈参与自己的生活。这种情况的恋母不是纯粹心理上的恋母，而是混杂着对母亲的依赖和服从，内心可能有冲突和痛苦。

恋母情结是最基本的人际关系，也是最早发生的人际关系，可以说，长大以后的各种人际关系都会不同程度地受恋母情结的影响。

有恋母情结的男孩，以后很可能成为一个没有主见、缺乏进取精神的孩子，因为这种孩子非常害怕失去母亲的爱，所以会一直窥视着母亲的脸色，抑制自己的主张，为讨好母亲而生活。由于过度依附母亲，其思维方式和言谈举止都会比较容易女性化。

有恋母情结的男孩，还习惯于单方面的获得，不懂得自己应主动为他人服务。有一个小伙子，到医院探望母亲时不但空手而去，反而还把别人给母亲带去的点心和水果给吃光了，然后就倒在母亲的病床上呼呼大睡。在他心里，接受母亲的爱就等于爱母亲了。

父母总以为爸爸更亲近女儿、妈妈更亲近儿子是天经地义的，却忘了自己格外亲近子女的时候，还应该加倍地鼓励和引导男孩去崇敬父亲、女孩去理解母亲。

许多父母都很注意不给男孩穿裙子，不让女孩爬墙、上树，但更为重要的是，应该让他们多跟同性孩子一起玩，把交流和示范融汇在玩乐之中。这是孩子"游戏期"性别角色培养的"秘诀"之一。父子共同"骑马打仗"、捉蚂蚁，母女一块儿打扮布娃娃、"跳房子"，这才是有益的天伦之乐。父母对孩子疏于沟通，或者只注重开发孩子的智力，是无法促进孩子的性别认同的。异性成员组成的单亲家庭或者夫妻不和的家庭，对子女成长相对不利，其重要原因就是这样的家庭无法较好地培养孩子的性别角色。

你最近怎么不和小强一起打球了？以前你们不是天天在一起玩吗？

小强的投球还没我准呢，却加入校篮球队了。

心理学家认为，缺乏自信心、自卑的人更容易产生嫉妒心。因此，帮助孩子树立自信心，让其对自己有个正确的评价无疑是医治嫉妒的良药。

今天琳琳她们几个在说悄悄话，我一过去她们就不说了，肯定是在说我这次考试没考好的事。

不要胡思乱想，你可以主动加入她们的聊天啊。

当孩子对别人有所猜疑的时候，父母不妨建议孩子主动去了解别人的真实想法，让事实去证明孩子的一些猜想是错误的。

好父母日常家教演练

1. 细心回想一下，自己的孩子有没有需要解决的心理问题。如果有，你将采取什么样的措施帮助孩子走出心理阴影区？

2. 当孩子出现嫉妒心理和行为时，父母应该怎么办？

3. 针对脆弱的孩子，你会如何帮助其重建信心？

4. 造成孩子猜疑的原因是什么？如何帮助疑心重的孩子？

5. 你认为应该怎样改变孩子对父母的过多依赖？

第五章

培养心态，让你的孩子更阳光

让内向的孩子敢于表现自己

　　文文性格十分内向，现在上初二了，学习成绩挺好，平时各方面的表现也都不错，但就是凡事不敢去争取、去竞争。有一次，学校开运动会，大家都主动报名参加各项比赛，可文文却无动于衷，连啦啦队都没有去报名。班里的联欢会，同学们都自己踊跃准备节目，她也不敢；还有像学生会竞选等，她都不太有信心参加。其实，她各方面都挺优秀的，就是不能好好表现自己。文文的父母对这个问题一筹莫展。

　　文文是一个很优秀的孩子，但是由于不敢表现自己，容易失掉很多让自己更优秀的机会，这无疑是一件很遗憾的事。为什么有些孩子自己完全有能力，却不敢表现自己呢？很大一部分原因是这类孩子缺少足够的自信。这时，父母应该帮助孩子迈开第一步，当孩子有过成功的感觉后，那么再有类似活动的时候，孩子就会大胆地行动了。父母要明白，只有让孩子在比较中看到自己的优势，才能使其不畏惧失败，在竞争中做到心中有数。

孩子的表现欲受好奇心的驱使，具有求奇、求变的创新倾向。家长对孩子的某些好的方面要给予肯定和表扬，哪怕只是点点头、笑一笑，都会使孩子感到满足和受到鼓励，从而增强孩子的表现力和表现欲，为他们有效地学习知识和发展创造能力奠定情感基础。

心理学研究表明，孩子的表现欲与性格特点有关。性格外向的孩子胆子大，表现外显；性格内向的孩子胆子小，表现内隐。家长必须根据孩子所表现出的性格特点，对他们的表现欲进行正确的引导。对外向型的孩子，不可任其表现欲无限度膨胀，以免滋生虚荣心理；对内向型的孩子，则应激发其表现欲，鼓励他们大胆表现自己的才能、展示风采，让他们在实践中品尝到自我表现的乐趣，增强表现欲。

孩子的表现欲是一种积极的心理品质，当孩子的这种心理需要得到满足时，便会产生一种自豪感。这种自豪感会推动孩子信心百倍地去学习新东西，探索新问题，从而获得新的提高。为了使孩子身心健康地成长，家长应该正确对待并注意保护孩子的表现欲，切不可无视或压抑孩子的表现欲，要让孩子在不断地自我表现中发展自我、完善自我。

家长可以在平时经常告诉孩子他的优点，比如有某某方面的比赛，一句"你一定能取得好成绩"，让孩子知道自己的长处可以在什么地方表现出来。

如果孩子回家后，说到他们班里正准备举行什么活动，很可能就是他有此意，只是他还不太坚定，这时候，家长需要推孩子一把，鼓励孩子报名。

孩子报了名，家长不要觉得你的任务已经完成，接下来的努力更加重要，尤其是针对平时不轻易参加活动的孩子的第一次报名。如孩子报名参加了学生会的竞选，他写出竞选申请书后，家长需要给他提出建议，让孩子做进一步的修改，并在家里模拟竞选现场，让孩子演练，并且适当地发问，让孩子熟悉现场程序，做好心理准备。其实，在这些准备过程中，孩子会觉得成功并不是原来想象的那么遥远的事情。另外，家长还要告诉孩子，只要努力了，就算结果没有我们所预想的那么好，也没关系，毕竟这是第一次。机会还很多，他的优势也有很多，只要他能够敢于参加，认真准备，总会成功的。

最后，家长还需要鼓励孩子多与同学交往，或者创设环境，让孩子带朋友来家里玩。渐渐地，孩子就会改变内向、退缩的性格，变得积极主动起来。此外，好朋友的鼓励也能帮助孩子下定决心参加各种比赛活动。

培养孩子坚忍不拔的毅力

由于中考失利，小林进了一所普通高中，虽然他觉得很失望，但仍决定在普通中学里发奋学习，考一所比较好的大学。在开学的第一天，小林就制订了学习计划，把每天的时间安排得满满的。可是他坚持了不到一周，就又恢复了平时懒散的习惯。爸爸妈妈看到小林没有按计划来做，就在晚饭后找他谈了话，鼓励他坚持下去。小林当时又下定决心，一定要坚持下去。可是，没过几天，小林又放松了对自己的要求，就这样周而复始，造成的后果就是学习一直没有起色，而他本人也极其内疚、自责，天天陷入苦恼当中，并对自己的能力产生了很大的怀疑。爸爸妈妈看在眼里急在心里，不知道该怎么帮助他。

小林坚持不下去的一个最重要的原因是缺乏毅力。缺乏毅力比较突出的表现就是做事情虎头蛇尾、难以坚持。

毅力不是天生的，主要靠后天的教育培养。为了培养孩子的毅力，家长可以从以下几个方面给予帮助：

1. 帮孩子确立短期目标

心理学中有一个"爬山法"，就是将长远的大目标分解为诸多短期的小目标，然后一步步地去实现，这样就可以避免个人在实现大目标的过程中，因觉得毫无希望或暂时看不到成果而缺乏动力的问题。小林实际上是有一个长期目标的，就是考上一所好的大学。但是这个目标在短期内无法看到效果，以至于小林没有动力去坚持。这个时候，家长可以帮助他将大的目标分解成一个个小目标，比如这次单元测验的分数要达到多少，这学期期中考试的目标名次是多少。这样一步步地实现各个小目标，从而达到最终的目标——考上比较好的大学。

2. 制订详细的学习计划

根据学习情况制订一个循序渐进的学习计划，然后严格按照学习计划进行学习。这个学习计划可以具体到每天的时间安排，比如，早晨几点起床，几点开始学习某个学科，学习时间为多长，学习内容达到多少等。

3. 及时关注孩子学习的问题

家长要及时关注孩子的学习进展，对存在的问题给出意见、指导、检查计划的执行情况，并帮助孩子确立短期目标、修改学习计划，以使其更合理。

让你的孩子相信自己

一位心理专家说："我好朋友的女儿丽丽上小学二年级了，最近和她打电话时，朋友对我说，丽丽在与小伙伴交往时特别不自信，总觉得自己没有别人做得好。前一段时间，班里选班干部，丽丽的票数很多，可她说什么也不愿意当。后来在老师和同学们的鼓励下，丽丽当了班里的文艺委员。可最近由于组织联欢会受到了阻力，丽丽又开始打退堂鼓了。朋友让我帮她想想办法。"

丽丽的表现是许多孩子身上都有的一种表现——缺乏自信。

有一句教育名言是这样说的："要让每个孩子都抬起头来走路。""抬起头来"意味着对自己、对未来、对所要做的事情充满信心。任何一个人，当他昂首挺胸、大步前进的时候，在他的心里都会有诸多的潜台词——"我能行""我的目标一定能达到""我会干得很好的""小小的挫折对我来说不算什么"……假如每一个小学生、中学生都有这样的心态，肯定能不断进步，成为德智体美劳全面发展的好学生。

如何培养孩子的自信心呢？专家建议从以下几点做起：

1. 通过孩子的实践活动培养自信心

积极支持孩子参加各种各样的实践活动，在实践活动中孩子经验累积得越多，孩子的自信心就越强。

2. 及时肯定和赞扬孩子的良好行为

当孩子有一个好的行为，哪怕只是做成了一点小事，父母也应给予及时的肯定，而不要只在孩子淘气时才注意他，当他表现良好时却视而不见。适当的鼓励，会使孩子的心情变得兴奋而愉悦，孩子也会更加容易听从家长的引导。

3. 让孩子参与安排家庭事务

如果你能改变一下家庭里的主从关系，偶尔也让孩子来安排一次星期日的游玩计划或节日家宴的菜谱，让他在参与讨论的同时了解家里的经济情况，了解什么样的要求合理，什么样的要求不合理。这样，孩子能抑制自己不合理的要求，也能从参与安排家庭事务中学到许多东西，孩子会更懂事，更有主见，其自信心也会由此而更加坚定。

帮孩子摆脱急躁的心态

　　小仓是个急性子，复习功课的时候，他总是急急忙忙地翻翻这本书又看看那本书，然后每次都感叹一声："啊呀，什么时候才能看完呀！"有一次，在做数学题的时候，小仓急急忙忙地拿来就做，也没有验算，做到中间发现错了，就着急地用橡皮来擦，可是因为太用力了，几下就把本子擦破了。没办法，只好撕掉，再重新来，可是越急越出错，作业写到晚上十点钟才算写完，但仍然错误百出。为此，小仓有时自己都着急得哭了起来，父母除了劝慰，也找不到什么好的办法。

　　案例中的小仓性格十分急躁，这给他的生活带来了负面的影响。急躁是一种不良的情绪，会使人心神不宁，让人经常在惴惴不安中生活。急躁是神经系统的一种兴奋和冲动，急躁的人无论在学习还是工作中，往往不经认真思考、周密安排就很快进入兴奋和冲动的状态，结果很难达到预期目标。

　　急躁的人容易灰心。在急于求成的情绪支配下，一旦事情遭到挫折，他往往不能冷静客观地分析原因，而是带着更加急躁的情绪，赌气般地以更大的蛮劲去对待困难，胡乱地甚至是近乎疯狂地向困难猛攻，如果仍然不能奏效，他很快就会像泄了气的皮球一样，灰心、退却，丧失了同困难做斗争的勇气。

急躁的人容易发怒。在现实生活中我们可以看到，爱发脾气的人通常都是性子很急的人。急躁的人如果碰到令人生气的事，很少能够冷静和克制，往往是大发雷霆，做出一些伤人害己的事情。

如果一个人长期受急躁情绪的折磨，他内心的和谐和宁静就会被打破，甚至会出现情绪上的紊乱状态。因此，情绪急躁的人，必须要采取有效的措施来克制和消除这种不良情绪。

急躁，换句话来说，就是缺乏耐心。有句俗话说，"心急吃不了热豆腐"。这正说明耐心是成功的关键因素之一。在心理学上，耐心即耐力，属于意志品质的一个方面。它与意志品质的其他方面，如主动性、自制力、心理承受力等有一定的关系。

耐心与否被认为是一个人心理素质优劣、心理健康与否的衡量标准之一，也是孩子未来成功与否的关键因素之一。培养孩子的耐心不仅对他在学习上有帮助，而且对他今后的人生道路也有很大的影响。但是，孩子毕竟是孩子，他们的耐心是比较有限的。孩子们只要想到了或者听到了，他们便要求立刻兑现，否则便不停地吵闹、纠缠，直到父母满足他们的要求为止。

这其实并不奇怪，因为孩子的耐心并不是与生俱来的，而是需要后天的培养的。当孩子不停地用哭闹强迫父母满足他的要求时，父母要沉得住气，一定要注意对孩子进行耐心训练。只有父母付出耐心才能培养出孩子的耐心。

1. 家长要做好榜样

许多孩子没有耐心，是因为家长做事也是虎头蛇尾。所以，要想让孩子有耐心，父母首先要有耐心地去做事。

比如，父母可以晚上跟孩子一起学习。当孩子不断地起身、坐下时，父母应坚持看书，孩子见父母能够耐心地看书，也能受到一些感染。

另外，父母在要求孩子做一件事情之前，要先跟孩子约好这件事必须耐心地做完；如果没有完成，不仅需要补上没做完的，而且还得再增加时间来处理相关的事情。这样，孩子就能够有计划地去做事，也能够在一定的时间内耐心地把事情做完。

2. 让孩子明白耐心的重要性

父母一定要让孩子明白，耐心、执着是成功的秘诀。著名生物学家童第周的父亲为了让童第周从小就明白耐心的重要性，让他能够执着地学习和做事，特意给他题了"滴水穿石"的条幅，告诫童第周世界上没有水滴穿不透的顽石，只有没有耐心的人。

父亲去世后，大哥安排童第周到宁波师范预科学校读书。只读了一个学期，童第周就提出要考当时全省著名的效实中学。哥哥对他说："效实中学是用英语讲课的，你的英语根本不行，肯定考不上的。"童第周却认为滴水能够穿石，只要自己肯努力，耐心学习，肯定能够考上。为了准备考试，童第周坚持自学英语，每天除了吃饭外很少离开书房。终于，童第周考上了效实中学。

在效实中学，童第周又用滴水穿石的精神，使自己的成绩从刚入学的全班倒数第一上升到了全班正数第一。之所以能取得如此佳绩，就是因为童第周对耐心学习有深刻的理解。

3. 有意识地给孩子设置障碍

设置一些障碍，可以为孩子提供一些克服困难的机会。因为耐心和坚强的意志是被困难磨炼出来的，越是在困难的环境中，越能锻炼孩子的耐心。家长要告诉孩子做事不能半途而废，一件事要经过努力才能完成。孩子经过努力完成一件事时，家长应当及时给予表扬，帮孩子强化做事有始有终的良好习惯。

4. 帮助孩子控制情绪

孩子发脾气时可以先冷处理，把他暂时搁置一边，因为这时的孩子是什么也听不进去的。等他略微平静下来，你可以搂他在怀里，慢慢地问他："刚才为什么发这么大的脾气？发脾气能解决什么问题吗？能和妈妈说说你的道理吗？"一定要听听孩子的想法，了解孩子发脾气的原因，帮助孩子控制自己的情绪，学会用适当的方法解决问题。

◇ 培养心态 ◇

小林说这次班级联欢会他要跳街舞，你呢？

我觉得你绕口令说得很好，可以试试。

家长对孩子的某些好的方面要给予肯定和表扬，这会使孩子感到满足和受到鼓励，从而增强孩子的表现力和表现欲。

我唱歌跳舞都不行，还是不报了吧。

要有自信，不试试怎么知道自己干不好呢？

同学们选我当班级的文艺委员，我觉得自己干不好。

积极支持孩子参加各种实践活动，让孩子在实践活动中收获成功与失败的经验。成功的经验累积得越多，孩子的自信心就越强。

皮皮又买了一双名牌运动鞋，我也要。

你已经有好几双运动鞋了，咱们不比穿戴，要比就比学习。

父母要多给孩子讲道理，要告诉孩子拥有名牌并不意味着就拥有较高的地位，只有依靠自己的能力取得成功，才能获得别人的尊重和认可。

好父母日常家教演练

1. 如何让内向的孩子敢于表现自己?

   _____

   _____

   _____

2. 针对自己孩子的情况,家长具体可以做些什么来培养孩子的
   毅力?

   _____

   _____

   _____

3. 如何培养孩子的自信心?

   _____

   _____

   _____

4. 作为父母,如何改变孩子的虚荣心?

   _____

   _____

   _____

5. 在培养孩子的良好心态方面,你觉得还有什么需要注意的
   事项?

   _____

   _____

第六章

抗挫折能力：丰富孩子的人生经历

重视挫折教育

　　初中生军军的家境太优越，以至养成了军军娇惯懒惰的不良性格。正巧有一个单位要举行关于挫折教育的夏令营，声称参加这个夏令营，可以让孩子在挫折中受到前所未有的锻炼，自此变得坚强独立；还说通过夏令营，将对孩子的一生产生重大影响，让其终身受益。于是军军的妈妈花了800元钱给孩子报了名，让他参加挫折教育夏令营。在送他去夏令营时，全家人像欢送亲人远征一样将孩子送上了征程。

　　没想到的是，12天的夏令营活动，军军总共打来几十个电话，声称不堪忍受其苦，家人更是如坐针毡。总算熬到夏令营结束，全家人又像迎接凯旋的战士一样将军军迎回了家。

　　可这一次回家以后，军军非但没有"不再娇惯、懒惰"，反而变本加厉。他总是以参加过挫折教育夏令营为借口，要挟家长，提这样那样的要求，甚至乱发脾气。

　　与案例中军军父母的态度相比，一位在教育一线工作了多年的教师对让孩子在挫折夏令营里接受挫折教育的事情有不同看法。这位教师从来不相信短期训练能让孩子脱胎换骨的说法。他认为，培养孩子的抗挫折能力，绝非一日之功，而家庭教育最为重要，从身边小事抓起最为有效。他自己在教育孩子时有自己的一套办法。在孩子刚学走路的时候，他就有意识地培养孩子的吃苦精神和抗挫能力。比如，孩子在家长面前摔倒了，哭着要家长拉一把，他不去拉，而是鼓励儿子说："你能行！"在孩子三四岁的时候，一家人去植物园，看到别的小朋友都由家长抱着，小家伙也要让父母抱，但他却对孩子说："你要坚持自己走，你是一个坚强的好孩子！"孩子没再让家长抱，而是很带劲地自己走起来。

暑假刚过，当记者采访一些家长关于孩子假期参加吃苦夏令营、挫折教育夏令营的情况时，他们大都怨声连天、困惑不解。孩子虽然吃了一点苦，但吃苦之后的负面影响却在很长时间内挥之不去，这是为什么呢？

因为挫折教育并非一朝一夕的事。在与一些儿童教育专家座谈时，他们几乎都谈到一个共同的话题，即挫折教育应当重点培养孩子心理上的抗挫折能力。比如，一些孩子在生活或者学习上受了一点点挫折，便离家出走甚至做出更极端的行为，这不能不引起人们的关注。

现在的孩子大多是独生子女，生活条件非常优越，真正是在"蜜水中泡大"的，他们很少体验到挫折，缺乏面对挫折的心理准备，也缺乏解决挫折的勇气和能力。父母应该明白，培养孩子的心理抗挫折能力很重要，平时可以有意识地设置一些困难的场景，磨炼孩子的意志，让孩子做好面对困难和挫折的心理准备，养成一定的面对挫折的能力。

现在有这样一种说法："有十分幸福童年的人常有不幸的成年。"很少遭受挫折的孩子长大后，会因不适应激烈的竞争和复杂多变的社会而深感痛苦。现实生活中，并不是每一个人都事事顺心，相反，每个人都会碰到各种各样的挫折，成功者与失败者的区别就在于对待挫折的心态与承受能力不同。

著名作家威茨格指出："世界上最光辉、最宏伟的事业就是使个人站立起来！"倘若我们的家长总不让你的孩子"长大"，总怕他们摔倒而不让他们独立地"站起来"，那又何谈社会与国家的繁荣强盛，何谈自立于世界民族之林呢？

家长要重视挫折教育，需要做到以下几点：

1. 帮助孩子认识挫折

要让孩子知道，生活中的荣誉和挫折常常是并生的。生活中常有不如意的事情，如果连一点小小的挫折都受不了，又如何面对以后漫漫人生中发生的更大的挫折和坎坷。

2. 鼓励孩子跌倒后自己爬起来

父母要帮助孩子客观地分析失败的原因所在，帮助孩子找到解决问题、克服困难的办法。父母要教育孩子，只有靠实力去竞争才能争取到自己想要的东西，胜利与成功不是别人的恩赐，更不是对别人的乞求。

培养孩子的耐挫折能力

小学四年级的顾凯虽然生性活泼热情，对什么事情都想试试，可他从小就有个毛病，一遇到困难就灰心丧气，失去继续探索的信心。

四岁时，他做了一架飞机模型，可老是飞不上天，他气得把飞机模型扔在地上，用脚踩坏，从此再也不做飞机模型了。

一年级时，爸爸开始教他学游泳，可他到现在还没学会。原来是因为有一次他呛了几口水，难过了好几天，从此他再也不学游泳了。

在学习上也是这样，一遇到难题他就退缩了，不会做的题目从来不动脑筋思考，而是等着第二天去抄别人的。

在生活中，困难和挫折是不可避免的。像案例中的顾凯一样，一些孩子灰心丧气、沮丧气馁是由于他们无法顺利完成喜欢做的事，在挫折面前产生了畏惧心理，丧失了克服困难的信心。心理学家认为，丧失信心的理由有千万条，但根本的原因只有一条，那就是学不会、做不好或觉得自己做不好。一旦做不好，信心就会丧失，倦怠、懒惰的情绪也随之产生，造成"学不会——没信心——没兴趣——更学不会"的恶性循环。

那么，家长应如何培养孩子的耐挫折能力呢？

1. 教育孩子正确认识和对待挫折

从心理学角度分析，青少年在成长过程中适当经受一些挫折是有益的。挫折能鼓励当事者增强韧性和提升解决问题的能力，产生创造性的蜕变。一旦孩子在生活和学习中遇到这样或那样的挫折，父母应接纳孩子的倾诉和宣泄，让他们说出心中的委屈和痛苦，通过释放达到其心理平衡。

2. 知己知彼，正确抉择

父母应当帮助孩子知己知彼，正确地规划自己的人生道路。所谓知己，即帮助孩子正确认识自己，如意识到自己希望自己将来成为什么样的人，未来的人生道路可能会在哪些方面受挫等。所谓知彼，即帮助孩子认识社会，如现实生活中尚存在哪些不尽如人意或不完善的方面等，让孩子懂得做事要向更高的目标努力，但同时也须做好承受最坏结果的思想准备。

3. 对孩子的期望要合理

家长不能重知轻德，不要强迫孩子完成他力所不能及的事情，对孩子的期望要合理，这才是引导孩子身心健康成长的正确之路。

让孩子勇敢面对而不是逃避

　　小东是一个聪明的五岁小男孩。在一个星期天的上午，他的妈妈在剪纸，不大一会儿就剪成了一只美丽的蝴蝶花。在旁边玩耍的小东看到了，非闹着妈妈教他剪纸不可，妈妈没办法，就教他如何去剪。小东非常聪明，过了一会儿，蝴蝶花的轮廓就展现在眼前，一张美丽的剪纸眼看就要剪成功了。可是就在这个时候，小东不小心把纸剪断了，他立刻叫喊道："我再也不要剪纸了，我要把它全撕掉！"看到儿子哭得这么伤心，母亲就哄儿子说："来，不哭了，妈妈再教你剪一个呀，这个没剪好，不怪东东，都怪这个剪子不好使，我们再去找把好的剪子，这次一定可以剪出一个漂亮的蝴蝶花。"

　　故事中，孩子本来是想获得大人的认可，可是后面的糟糕局面与他的憧憬形成了巨大的反差，他认为眼前的局面已经无法挽回了，引起了他情绪上的剧烈波动。面对这种情况，父母应该教导孩子鼓起勇气去面对这种挫折，而不是让他们逃避责任。因为在以后的人生旅程中，他面对的挫折和困难要比这大得多。在孩子小的时候不让孩子经受点挫折的训练，当孩子长大的时候，你能保证他一辈子一帆风顺吗？

一些爱子心切的家长生怕孩子受到一丁点儿的委屈，有意或无意地替孩子去承担某些本应由孩子自己面对的困难和挫折，而这样做的结果，不仅使孩子失去了在挫折中成长的机会，更失去了人生中最珍贵的体验，而且对孩子的个性、心理都有着不利的影响。

不要害怕孩子会摔倒。孩子的成长总是吃甜头显然是不行的，还得要学会吃一些苦头。这样，在成长的过程中，营养才能平衡，他才会明白生活并不仅仅是糖，才会在困难和挫折面前懂得咬牙坚持而不是皱紧眉头，才会懂得自己去克服困难和挫折，而不仅仅是依赖家长。

再坚持一下，马上就到山顶了。你不是一直想当男子汉吗?

妈妈，我真爬不动了，咱们下山吧。

培养孩子的心理抗挫折能力很重要，妈妈平时可以有意识地设置一些困难的场景，磨炼孩子的意志，让孩子做好面对困难和挫折的心理准备，养成一定的面对挫折的能力。

如果心里真的很难受，就哭出来吧。等你情绪稳定了，妈妈再和你聊聊。

当孩子情绪好一些的时候，父母应该来到孩子身边，和孩子好好谈谈这件事，让孩子知道父母非常在乎他的感受。

这次钢琴八级考试我太紧张了，没考过。

她这么大了，要让她承担一下犯错误的后果，下次她就记住了。

父母应该学会让孩子自己承受因为失误所造成的后果，这样才能促使他们在今后少犯或不犯错误。

孩子忘带东西了，我去提醒她一下。

1. 为什么说挫折教育对孩子来说很重要？

2. 家长应当如何对孩子进行挫折教育？

3. 孩子遇到挫折时，父母应该如何帮助孩子调整情绪？

4. 家长应当如何让孩子勇敢地面对挫折？

5. 本书对你在教育孩子方面最大的帮助是什么？